Ana Dediu

The poetry of my life in Europe and The USA

Book Preparation and Translation
By
Sophia Dediu

DERC Publishing House
Tewksbury (Boston), Massachusetts, U. S. A.

Ana Dediu – The Poetry of My Life

Copyright ©2014 by Sophia Dediu

All rights reserved

Published and printed in the
United States of America

Library of Congress Cataloging in Publication Data

Ana Dediu
The poetry of my life in Europe and The USA
Book preparation and translation by Sophia Dediu

ISBN- 978-1-939757-17-3

1-

Ana Dediu – The Poetry of My Life

Editor's Note

Nothing in this world is more moving and emotional than reading the sublime poems of a mother, grandmother and great grandmother.

The book is filled with pastoral and loving poems, which create an idyllic atmosphere, with delicate fragrance and celestial music.

Ana Dediu (1912 – 2010) was a professor of history, but worked in many different areas, and was very lyrically inclined, navigating that unusual intersection of artless business and very suave poetry. She had a distinctive ability to conceptualize the world around her, and to communicate it, through charming poems, to all of us. Virgil Dediu (1912 – 1986), her husband, an electrical engineer, helped immensely in creating a solid and prosperous family.

The efforts of Ana Dediu's daughter -in-low, Sophia Dediu, to prepare this book and to translate the poems, are truly magnificent.

Here we have a book, when we celebrate the 238th anniversary of the USA's birth and 102 years from Ana Dediu's birth, which book will always be a pure delight to read it, and which will infuse life with beauty and astonishing renaissance.

Michael M. Dediu

Tewksbury (Boston), USA, 4 July 2014

Ana Dediu – The Poetry of My Life

Preface

Ana Dediu (June 30, 1912 – April 17, 2010) was a small girl who became a care giver to all her brothers and sisters (13 of them). She was a straight A student, a hardworking, diligent person, who never wandered from the straight and narrow path of good behavior, and she captured the heart of all members of her very large family.

The parents were proud of her and felt a certain amount of affinity for her. Besides the serious work, however, there was also some room for girlish mischief.

She was radiant and rident, but sometimes this rident expression was misunderstood, in certain occasions in her life.

She was a clement mother, grandmother and great-grandmother. We all heard her singing old, traditional, melancholic, love songs, on renowned poems.

Her life took numerous anfractuous paths, and most times lead her to beautiful summits.

During her life she saw developments in literature, architecture, philosophy, technology, science; all of which she admired and was interested to read about, becoming an analysand during her mature years, and most of all, she wrote a couple of verses – "verses for nothing" she called them.

She will write a history, or a romance, moral or poetical essays, and, while her performances remain with the language, she was a bel-esprit.

Sophia Dediu

Tewksbury (Boston), USA, 4 July 2014

Ana Dediu – The Poetry of My Life

List of books from DERC Publishing House, which can be found on Amazon.com (author Michael M. Dediu):

1. Aphorisms and quotations – with examples and explanations
2. Axioms, aphorisms and quotations – with examples and explanations
3. 100 Great Personalities and their Quotations
4. Professor Petre P. Teodorescu – A Great Mathematician and Engineer
5. Professor Ioan Goia – A Dedicated Engineering Professor
6. Venice (Venezia) – a new perspective. A short presentation with photographs
7. La Serenissima (Venice) - a new photographic perspective. A short presentation with many photos
8. Grand Canal – Venice. A new photographic viewpoint. A short presentation with many photos
9. Piazza San Marco – Venice. A different photographic view. A short presentation with many photos
10. Roma (Rome) - La Città Eterna. A new photographic view. A short presentation with many photos
11. Why is Rome so Fascinating? A short presentation with many photos
12. Rome, Boston and Helsinki. A short photographic presentation
13. Rome and Tokyo – two captivating cities. A short photographic presentation
14. Beautiful Places on Earth – A new photographic presentation
15. From Niagara Falls to Mount Fuji via Rome - A novel photographic presentation
16. From the USA and Canada to Italy and Japan - A fresh photographic presentation

Ana Dediu – The Poetry of My Life

17. Paris – Why So Many Call This City Mon Amour - A lovely photographic presentation
18. The City of Light – Paris (La Ville-Lumière) - A kaleidoscopic photographic presentation
19. Paris (Lutetia Parisiorum) – the romance capital of the world - A kaleidoscopic photographic view
20. Paris and Tokyo – a joyful photographic presentation. With a preamble about the Universe

Ana Dediu – The Poetry of My Life

List of books from DERC Publishing House, also on Amazon.com (editor Michael M. Dediu):

1. Sophia Dediu: The life and its torrents – Ana. In Europe around 1920
2. Proceedings of the 4th International Conference "Advanced Composite Materials Engineering" COMAT 2012
3. Adolf Shvedchikov: I am an eternal child of spring – poems in English, Italian, French, German, Spanish and Russian
4. Adolf Shvedchikov: Life's Enigma – poems in English, Italian and Russian
5. Adolf Shvedchikov: Everyone wants to be HAPPY – poems in English, Spanish and Russian
6. Adolf Shvedchikov: My Life, My Love – poems in English, Italian and Russian
7. Adolf Shvedchikov: I am the gardener of love – poems in English and Russian
8. Adolf Shvedchikov: Amaretta di Saronno – poems in English and Russian
9. Adolf Shvedchikov: A Russian Rediscovers America
10. Adolf Shvedchikov: Parade of Life - poems in English and Russian
11. Adolf Shvedchikov: Overcoming Sorrow - poems in English and Russian
12. Sophia Dediu: Sophia meets Japan
13. Corneliu Leu: Roosevelt, Churchill, Stalin and Hitler: Their surprising role in Eastern Europe in 1944
14. Proceedings of the 5th International Conference "Computational Mechanics and Virtual Engineering" COMEC 2013
15. Georgeta Simion – Potanga, Beyond Imagination, A thought-provoking novel inspired from mid-20th century events

Ana Dediu – The Poetry of My Life

Ana Dediu – The Poetry of My Life

Chapter 1: Life philosophy

With a .... flower

The drifts of snow started daily
To change in water,
Under the Sun up in the sky
As cosmic radiator.
The fauna bring home lambs
And snowdrops flora,
And the fleet of cranes,
Today flying over the clouds
Opening with chicken beaks
The gate of equinox.
March's red and white bows on the lapel
Dahlias escaping from greenhouses:
This is the season which
Can't start with just a ... flower!

February 1, 1969 – Ana Dediu (Pupa Ana), Ovidiu Dediu (left) and Horațiu Dediu making his first walk

Cu o .... floare

Neaua prinde să înceapă
Zilnic a intra la apă,
Sub Soarele de pe cer
Drept cosmic calorifer.
În faună iau start mieii,
Iar în flora ghioceii,
Şi în flote toţi cocorii
Survolează astazi norii
Deschinzând cu plisc de pui
Poarta echinocţului.
Mărţisoare la revere
Dalii evadând din sere,
Ăsta e sezonul care
Nu se face cu o… floare!

February 1, 1969 – Ana Dediu, Ovidiu (right) and Horaţiu Dediu

Ana Dediu – The Poetry of My Life

Loneliness, Life philosophy

In my solitude
I always investigate
In my solitude
How much I reflect about!

Loneliness separates me
From those dear to me
Through it, I feel closer
To those distant.

Loneliness is a state
In my mind:
What's living in the world dies
And ... how to inhabit.

November 3, 1969 – Ana, Virgil, Horațiu (left) and Ovidiu Dediu (his 3rd year birthday)

Ana Dediu – The Poetry of My Life

The loneliness there is
Only one way,
Leads to love
Or the grave and ash.

The man in sufferance
Is all alone,
Any disease threatens him
He's alone who suffers.

And the way of old age
Who can protect him?
He needs in life
To prepare himself.

January 14, 1970 – Ecaterina Gheonea (Pupa Dida) with Ovidiu and Horațiu Dediu (left)

Receives aid
From his fellows,
But without patience
There isn't rescue.

Ana Dediu – The Poetry of My Life

Absolute solitude
There can't be.
You may have a sister or brother
Husband or wife.

Nature is out for reach
To the lonely,
And always finds
Something to admire.

The book is a devoted friend
In any season,
And what does she knows gives it to you
Without anything in return.

Geniuses have given us
Car, train and plane,
The Saint phone,
Then the television.
How we travel
As well as radio
Alone we didn't felt.

These are some miracles
But there are many more
Made by anonymous
Not by occult powers.

The nature is beautiful
In everything,
And leaves itself stolen
By people with ideas.

Ana Dediu – The Poetry of My Life

*August 8, 1971 – Virgil Dediu (Bubu)
with Horațiu and Ovidiu Dediu (up) at
the Black Sea*

Who does not accept life?
As it is,
May choose death
Which is eternal and heavy.

But not even there, the man does not have
Peace and relaxation,
In universe everything is a movement:
It changes mysteriously.

Loneliness for me
Is as a professor
Who teaches me love
And how not to despair.

Often in this world I'm mute,
And I feel alone,

Ana Dediu – The Poetry of My Life

And in my mute loneliness.
I feel alone.

August 23, 1983

February 21, 1970 – Michael and Sofia Dediu – Bucegi Mountains between Gârbova and Clăbucet

February 22, 1970 – Sky lift – Bucegi Montain

Ana Dediu – The Poetry of My Life

Singurătate, Filosofia vieții

În singurătate eu
Mereu mă cercetez
În singurătate eu
La câte reflectez!

Singurătatea mă desparte
De cei apropiați
Prin ea, eu mă simt mai aproape
De cei îndepărtați.

Singurătatea e o stare
În care mă gândesc:
Că ce-i viu în lume moare
Și... cum să viețuiesc.

În singurătate este
Numai un singur drum,
Ce duce la dragoste
Sau la mormânt și scrum.

Că omul în suferință
E singur, singurel,
Orice boală-l amenință
Suferă numai el.

Și din calea bătrâneții
Cine-l poate feri?
Trebuie în timpul vieții
El a se pregăti.

Mai primește ajutoare
Dela semenii lui,
Dar fără răbdare
Nici o salvare nu-i.

Ana Dediu – The Poetry of My Life

Absolută singurătate
Nu poate exista
Mai ai o soră sau frate
Soțul sau nevasta.

Natura e la îndemâna
Celui însingurat,
Și găsește-ntotdeauna
Ceva de admirat.
Cartea-i prieten devotat
În orice anotimp,
Și tot ce știe ea ți-a dat
Fără nimic în schimb.

Oamenii geniali ne-au dat
Car, tren și avion
Prin sfântul telefon
Ș-apoi cu televizorul
Cât am călătorit
Precum și cu radioul
Singuri nu ne-am simțit.

Astea-s câteva minuni,
Dar mai sunt multe, multe
Făcute de anonimi
Nu de puteri oculte.

Natura este minunată
În toate ale ei,
Dar se lasă mereu furată
De oameni cu idei.

Cine nu acceptă viața,
Așa cum este ea
Poate să aleagă moartea

Ana Dediu – The Poetry of My Life

Ce-i veşnică şi grea.

Nici acolo omul n-are
Pace şi hodină
Că-n univers totu-i mişcare:
Se preface în taină.

Şingurătatea-i pentru mine
Precum un professor
Ce mă învaţă de iubire
Şi să-mi alin un dor.

De multe ori în lume mută
Eu mă simt singură,
Şi în singurătatea-mi mută
Mă simt mai singură.

23 August, 1983

July 20, 1969 – First man on the moon – Horace (left) and Ovidiu Dediu with the Newspaper at the Black Sea

Ana Dediu – The Poetry of My Life

Life

What can it mean a life?
Sometimes a great feat
What's the measure of a life?
Often miseries and sorrows.

It can be longer, shorter,
But it is one; and once lasts
A life is worth nothing
But nothing is worth it .. life.

Better to add life to years
To give to today youth
Rather than add years to life
To lengthen .. old age.

Pupa Ana, August 23, 1983

*June 30, 2002 Ana Dediu at 90 years
with Michael and Sophia Dediu*

Ana Dediu – The Poetry of My Life

Viața

Ce poate să însemne o viață
Uneori o faptă măreață
Care-i măsura unei vieți?
Deseori mizerii, tristeți.

Ea poate fi mai lungă, mai scurtă,
Dar e una; și-odată trecută
O viață, nimic nu valorează
Dar nimic nu valorează cât o .. viață.

Mai bine să adaugi viață anilor
Să dai tinereți zilelor
Decât să adaugi ani vieții
Spre lungirea .. bătrâneții.

Pupa Ana, 23 August 1983

August 1970 – Ana Dediu with Ovidiu, Horațiu and Sofia Dediu at Mangalia.

Ana Dediu – The Poetry of My Life

The invisible

I'm looking out the window and see how the trees bend,
How they struggle hard and shook their crown.
Is wind, is storm, and is hurricane, which rips the roofs
But I see nothing; I don't see wind through bushes.

I'm looking out the window and see some white heads.
The young people have grown old,
The girls got married and have children now,
But I don't see the time, but only its effects after it.
I look at the water and I see it clear, clean,
But how many bacteria and impurities have?
I don't see how even the Bible missed it,
Bacteria, the lower forms, later have been discovered.
I do not see germs of anthrax, the rabies
On my dirty hands.
I am an illustrious mediocrity
That's why I can't see them all.
I look at the stove and I only see the flame,
I watch TV and I see the image only,
On the radio I hear music swiftly, smoothly.
I look at the light bulbs and I see only the light.
Also something that you hear is the telephone,
You see nothing, but only the tone,
At the other end can be Sibiu, Timisoara,
Rome, London or the distant America.
As an ignorant and stupid that I am
I use all things that are on earth
Although I did nothing, and no one will know,
When I, an anonym, in nothingness I'll collapse.

Ana Dediu – The Poetry of My Life

Nevăzutul

Mă uit pe geam și văd cum copacii se apleacă,
Cum se zbat, cu greu și un scuturat îi apucă,
E vânt, e furtună, e uragan ce smulge acoperișuri,
Dar nu văd nimic, nu văd vântul prin stufișuri.

Mă uit pe geam și văd pe unii că au albit,
Tinerii văd că au îmbătrânit,
Fetele s-au căsătorit și au copii,
Dar timpul nu-l văd ci doar urmele lui.
Mă uit la apă și o văd limpede, curată,
Dar câte bacterii și împurități poartă?
Nu văd cum nici Biblia n-a văzut,
Bacteriile, forme inferioare târziu s-au cunoscut.
Nu văd microbii de dalac, de turbare
Sau de pe mâinile mele murdare.
Sunt o ilustră mediocritate
De asta nu le văd pe toate.
Mă uit la aragaz și văd doar flacăra,
Mă uit la televizor și văd imaginea,
La radio aud muzică repede, lină.
Mă uit la becuri și văd doar lumina.
Tot ceva ce se aude este telefonul,
Nu vezi nimic, ci auzi cum vine tonul,
La celălalt capăt poate fi Sibiul, Timișoara,
Roma, Londra sau îndepărtata America.
Ca o și incultă și proastă ce sunt
Mă folosesc de toate câte îs pe pământ,
Deși n-am făcut nimic, și nimeni nu va ști,
Când tot ca o anonimă în vid m-oi prăbuși.

Ana Dediu – The Poetry of My Life

The return home

I am the human who comes back home
Whistling, with the beret over my ear
A bohemian wife from the past times.
I am the human who comes back home.

But I didn't even go. I only just started,
To find myself at the old address.
I am the human who comes back home
Under the umbrella of a blue sky.

Hey you, man with silky-wing
I am yours by the old-fashion.
I am the human who comes back home
With a pink flower on my hair.

Întoarcerea acasă

Eu sunt omul ce se-ntoarce acasă
Fluerând cu basca pe-o ureche,
O soție boemă, din lumea veche.
Eu sunt omul ce se-ntoarce acasă.

Dar nici n-am plecat. Doar am pornit,
Să mă caut la adresa veche.
Eu sunt omul ce se-ntoarce acasă
Sub umbrela cerului albastră.

Omule cu-aripa de mătase
Sunt a ta ca după moda veche
Eu sunt omul ce se-ntoarce acasă,
Cu o floare roză la ureche.

Ana Dediu – The Poetry of My Life

Ageing nicely

Youth - silk clothes
Your shadow does not want to leave me
From its dazzling bait
As a watershed cruel sun,
I look at me in the flashing years,
Heavenly notables
The Purgatory former sins,
Hells of dirty soles.

In the tumultuous ages I went
As arrow, which went
Through azure, and then on other giving.
It started down on the wooden descend.

Elderly in heavy clothes
Dawdling song, winded and grave,
Pillar of the legendary wisdom
Melancholic twilight of sun.

July 1970- Mangalia, – Ana Dediu (middle) with Mihai (left), Sophia, Ovidiu and Horaţiu Dediu

Ana Dediu – The Poetry of My Life

Îmbătrânind frumos

Tinerețe haine de mătase
Umbra ta nu vrea să mă mai lase
Din momeala ei năucitoare
Ca o cruntă cumpănă de soare,
Mă privesc, din anii cei clipești,
Notabilitățile cerești,
Purgatoriul fostelor păcate,
Talpa iadurilor deochiate.

Prin chindia vârstei am trecut
Ca săgeata, care-a petrecut
Prin azur, și-apoi pe alte dare
A-nceput lemnoasa-i coborâre.

Bătrânețe haine de postav
Cântec lin, tărăgănat și grav,
Stâlp înțelepciunii legendare
Melancolic asfințit de soare.

1972 – Sophia, Ovidiu, and Horațiu- visit to Apollo 10, Bucharest

Ana Dediu – The Poetry of My Life

I miss you

I miss you like a fountain
Of silver and frost poetic. I want to feel
How your tear slowly runs on the hand
Burning cold, but comforting.

I'm glad you remained my master
My man with the silver temples.
And I will hold you in my warm arms,
We'll fell asleep with beautiful dreams, smiling
When the stars in the fountain light.

Mi-e dor

Mi-e dor de tine ca de o fântână
D-argint şi ger poetic. Vreau să simt
Cum lacrima îţi curge-ncet pe mână
Arzând de rece, însă mângâind.

Mă bucur că mi-ai rămas stăpân
Bărbatul meu cu tâmplele de-argint.
Şi-am să te ţin în braţe calde pân
Vom adormi visând frumos, zâmbind
Când stelele-n fântână se aprind.

Ana Dediu – The Poetry of My Life

Love song

How beautiful entwining
When you and I are one
My husband at all times,
As in a song with Sun and Moon.

For you are the Sun, the clear Sun,
I only the Moon, the Moon only.
Let me look at you
From the warm angle of the Spring,
When all the apricots bloom
And keep harmony the prunes and apples,
And if I say that I love you
My chosen, please forgive me.

That you're all I have
After a tumultuous life,
And if I wouldn't have you
I would have been dead for long
Looking toward another day
Or maybe to never.
I stay with you in this fortress
Of dreams and longing heart,
With all that we are given
As long as my heart beats
We're burning in love.

1988

Cântec de dragoste

Cât de frumoasă-ngemănare
Când eu cu tine suntem una
Soțul meu din totdeauna,
Ca-n cântec soarele cu luna.

Căci tu ești soare, cel clar soare,
Eu numai luna, numai luna.
Mai las-mă să te privesc
Din unghiul cald al primăverii
Când toți caișii înfloresc
Și dau armonie perii, merii,
Iar dacă strig că te iubesc
Alesul meu să nu te sperii.

Că doar pe tine te mai am
După-o viață zbuciumată,
Iar dacă nu mi te aveam
Muream privind spre altă dată
Sau poate către niciodată.
Rămân cu tine într-o cetate
De inimă de vis și dor,
Cu toate câte ne sunt date
Cât încă inima îmi bate
Și ne iubim dogoritor.

1988

Ana Dediu – The Poetry of My Life

Long ago

Long ago, when was nice
And the years were plenty
I was swinging in the wind
Between the ground and the air.

How stupid was I
Like in a epithalamium
A fairy descended in a dream
From some paradise.

Where is my beech flute
To play when I'm happy?
Where is my bone flute,
To play when the weather is nice?

Pe vremuri

Pe vremuri când era frumos
Şi anii erau de prisos
Mă legănam dusă de vânt
Între aer şi pământ

Cât de proastă mai eram
Ca-ntr-un epitalam
O zână coborâtă-n vis
Din nu ştiu ce paradis.

Unde mi-e fluerul de fag,
Ca să cânt timpul drag?
Unde mi-e fluerul de os,
Să cânt timpul frumos?

Ana Dediu – The Poetry of My Life

Departure

At distances and in shadow, America, I leave you!
It was a delight, our first meeting,
The second parting, bitter tears flow,
Maybe will not take long, this deep Twilight!

Lonely in the plane, without end ahead,
Behind, in fog America remains!
I am filled with sadness and a deep sigh,
At our liftoff from you, lovely foreign land

I saw you for the first and the last time
It's too late to think, that I'll see you again;
You are charming, but you're too egoistic
You seduce our children, grandchildren and captivate them.

Even if you're still so inviting
This separation hurts us;
Far away, in sunny sky America remain
Continuously proudly bloom forever!

That you became just the last hope
To those who do not have luck in this life!
The second sweet mother, of many you are,
Take care of mine, protect them, and beware!

And with my eyes full of tears, raised to the sky,
I know better, now, a second time disappear,
Far away, behind America remain,
My thoughts on you, it's my petting now!

Ana Dediu – The Poetry of My Life

Despărțire

În depărtări și-n umbră, América, rămâi!
A fost o desfătare, întâlnirea dintâi,
L-adoua despărțire, lacrimi amare-mi curg,
De n-ar dura prea mult, acest adânc amurg!

Stingheră-n avion, făr-nici un căpătâi,
În depărtări și-n ceață, América rămâi!
Că-n clipa deslipirii, de-al tău pământ străin,
Sunt plină de tristețe și, din adânc suspin!

Te văd ultima oară și pentru-ntâia data,
E prea târziu să cred, că te mai văd vreodată;
Tu ești fermecătoare , dar, prea haină ești
Că ne seduci copii, nepoții ni-i vrăjești.

Chiar dacă ești oricum așa de primitoare
Această despărțire ne roade și ne doare;
În depărtări și-n soare América rămâi
Să înflorești mai mândră, în veci să nu apui!

Că tu ai devenit, doar, ultima speranță
A celor ce nu au, noroc, în astă viață!
A doua mama dulce, a multora tu ești,
Să ai grijă de-ai mei, de rău să mi-i ferești!

Și ochii plini de lacrimi, eu îi ridic spre cer,
Știu bine, că acum, a doua oară pier
În depărtări și-n urmă, América rămâi,
Gândul meu, e la tine, cu el mă mângâi!

Ana Dediu – The Poetry of My Life

To my son

Only you caressed me
So nice and gentle,
And how much I loved you
Like no one on Earth.

And in your great candor,
Calm you spoiled me
How in this big world
Only you knew how.

Now, only the sun spoils me
Sweet comforter,
And the soul and the face
To forget, how much I miss you.

When it comes up red as a flame
It shows first up here
I know that it kissed you first
The little ones and then both of you.

And then at dusk
Down quickly,
And it looks rushed
With shaky rays.

When here it's retiring
At you it arises.
When it leaves us
There it will be ascending

Ana Dediu – The Poetry of My Life

At us our day ends
While it started at you.
When the night reins us
At you it disappeared.

The Sun warms us
Whether night or day
And protects us all
Wherever we are.

There is no other great love
As the mother's one,
It encompasses the whole world
As the rays of Sun.

It does not end unto ages
As the life on Earth,
It has natural connections
With the good and holy star.

The Earth is our mother,
And Sun is our father
They give us kind love,
And hard luck!

For nothing is lost
From the old and rotten
From what is not seen,
Just slide in infinity.

Ana Dediu – The Poetry of My Life

And nothing is gained
From what died was born,
But is an association
From infinity seen.

And all gets transformed
And nothing gets lost
But just take a different form
In a single circuit!

And I have no other God,
As long as I live
Than just your image
That glorifies you.

And your photo
As an icon I hold
Evenings and mornings
At it I worship and pray.

Mom, June 20, 1979

1959 – Mihai Dediu - Iassy

Fiului meu

Numai tu mă dezmerdai
Aşa frumos şi blând,
Şi ce drag îmi mai erai
Ca nimeni pe pământ.

Şi în marea ta candoare,
Uşor mă alintai
Cum în lumea asta mare
Doar tu te pricepeai.

Acum soarele mă răsfaţă
Dulce mângâietor,
Şi în suflet şi pe faţă
Ca să-mi treacă de dor.

Când s-arată-nvăpăiat
Şi-a răsărit aici,
Ştiu că pe voi v-a sărutat
Pe cei mari şi cei mici.

Şi apoi la asfinţit
Coboară repede,
Şi se mai uită grăbit
Cu raze şubrede.

Căci aici când asfinţeşte
La voi a răsărit.
Pe noi când ne părăseşte
La voi el s-a ivit.
La noi ziua se sfârşeşte
Când la voi a-nceput
Când la noi noaptea stăpâneşte
La voi a dispărut.

Ana Dediu – The Poetry of My Life

Soarele ne încălzeşte
Fie noapte sau zi
Şi pe toţi ne ocroteşte
Oriunde ne-am găsi.

C-altă dragoste curată
Ca cea de mama nu-i,
Ea cuprinde lumea toată
Ca raza soarelui.

Şi pe toţi ne ocroteşte
Oriunde ne-am găsi.

C-altă dragoste curată
Ca cea de mama nu-i,
Ea cuprinde lumea toată
Ca raza soarelui.

Ea nu se sfârşeşte-n veci
Ca viaţa pe pământ,
Ca-re legături fireşti
Cu astrul bun şi sfânt.

Căci pământu-i mama noastră,
Şi tata soarele,
Ei ne dau iubirea castă,
Nenorocirile!

Căci nimica nu se pierde
Din vechiul putrezit
Din ceea ce nu se vede,
Doar trece-n infinit.

Şi nimic nu se câştigă
Din ce moare s-a născut,
Ci doar este o verigă

Ana Dediu – The Poetry of My Life

Din infinit văzut.

Şi astfel totul se transformă,
Nu se pierde nimic
Ci doar ia o altă formă
Intr-un circuit unic!!

Şi nu am alt Dumnezeu,
Atâta cât trăiesc
Decât numai chipul Tău
Pe care îl slăvesc.

Şi fotografia Ta
Ca pe-o icoana-o ţin
Seara şi diminineaţa
La dânsa mă închin.

Sau:

Şi nu am alt Dumnezeu
La care să mă-nchin
Decît numai chipul Tău
Dumnezeiesc, divin!

Mama, 20 Iunie 1979.

Ana Dediu – The Poetry of My Life

For your engagement day

On a beautiful day of May
You came in my way
And how beautiful you were.
White petals shake -
In your hair like them.

We met at Otopeni
The senescence Temple,
Birds sing in meadows,
Couples pace the alleys
And we the lovers.

And the lilac flowered
Violet bouquets,
Here we found love
And I'll never forget
That we got engaged.

Wearing a crown on your head
Of snow flowers,
And do wear them, that's no sin;
In the hair that I kissed
Strand by strand.

And as a pledge I gave you
My wristwatch,
Honest sign that I loved you
It's the wedding gift!
And never will I forget it!

Thanks for letting me
To kiss your hand
And with me you took a walk
Arm in arm, and hand in hand

Ana Dediu – The Poetry of My Life

Under the Sun and Moon.

May 10, 1988
Otopeni

November 14, 1967 – Ovidiu Dediu – First walk

Ana Dediu – The Poetry of My Life

De ziua logodnei voastre

Într-o frumoasă zi de Mai
Mi-ai apărut în cale
Şi ce frumoasă mai erai
Petale albe scuturai –
În părul tău ca ele.

Ne-am cunoscut la Otopeni
Pe Templul Senectuţii,
Păsări mii cântă în poieni
Perechi se plimbă pe alei
Şi noi îndrăgostiţii.

Iar liliacul a-nflorit
Buchete violete,
Acolo noi ne-am iubit
Şi nici odată n-am să uit
C-aici ne-am logodit.

Cunună porţi pe capul tău
Din flori de zăpădiţă,
Şi să le porţi că nu-i păcat
În părul ce l-am sărutat
Şuviţă cu şuviţă.

Şi drept zălog ţi-am dăruit
Ceasul de la mână,
Semn că sincer te-am iubit
Că-i darul de logodnă!
Şi nici odată n-am să uit!

Îţi mulţumesc că m-ai lăsat
Să îţi sărut a ta mână
Şi cu mine te-ai plimbat
Braţ la braţ şi mână-n mână

Ana Dediu – The Poetry of My Life

Pe soare și pe lună.

10 Mai 1988
Otopeni

September 3, 1967 – Mihai Dediu and Ovidiu Dediu (at 10 months)

Ana Dediu – The Poetry of My Life

Parental house

In our parental house
From the hills of Costeşti
Lord made to be borne
5 girls, 9 boys!

And all have been baptized,
Christenings they celebrated
That's the rule in our village:
Only mine I didn't see!

They could not find Godparents,
No names in calendar,
And we were needy
From this heavenly gift.

When a new priest came
And heard that the priest helper
A bunch of kids has,
Quickly went up the hill
To see what they're eating
That such a house
He had not seen yet
So large!

Priestess is amazed,
Beautiful children we were
Mother had spun dough,
God! How we were eating!

"How do you eat heartily!
Let me taste of it.
How good is it! You are heroes,
Who can feed them all!"
"What beautiful and lively children

Ana Dediu – The Poetry of My Life

They're like peonies;
But all are almost naked
They're blond and plump."

"Well you see father.
This how we live,
The children need many
We struggle in need!

We have other wealth
This is the God's will,
We suffer from poverty
We work long and hard! "

They're barefoot or naked
They grew up ten.
Mostly naked and barefoot,
Life has made us strong.

And it came also the time
Some of them to marry,
The girls found their beloved
Went away leaving the house.

They would start with the engagement.
Then the weddings and magistrate,
The yard was full
The wedding parties with boys and girls.

There were weddings in our house
But more christenings
World to celebrate
The most joyful occasion.

Two days the wedding lasted,
The music continuously playing,

Ana Dediu – The Poetry of My Life

The big feast was at night,
For those who brought gifts!

Groom and bride during the day
In the Hora dance attended
At night the dinner didn't start
Without the customary pray!

I haven't been to any at all
At baptism or wedding,
And I could not dance,
I was ... busy!

And life went
Without any enjoyment.
Time, then, I did not have
And now I regret!

Ana Dediu – February 1984

April 1, 1968 – Mihai and Horațiu Dediu (right, 1 month)

Ana Dediu – The Poetry of My Life

Casa părintească

În casa noastră părintească
De pe deal, de la Costești,
Dat-a Domnul să se nască
5 fete, 9 băieți!!

Și pe toți i-a botezat,
Cumătrii au făcut
Așa e la noi în sat:
Doar pe a mea n-am văzut!!

Nici nu mai găseau nănași
Nici nume-n calendar,
Că erau și nevoiași
De-atât ceresc DAR.

Când un popă nou venea
Și-auzea că dascălul
O droaie de copii avea
Suia iute dealul;

Ca să-i vadă ce mănâncă
Că o așa casă
El nu mai văzuse încă
Așa numeroasă!!

Preoteasa e uimită,
Copii frumoși eram
Mama făcuse învârtită,
Doamne! Ce mai mâncam!!

"Ce cu poftă mâncați voi
Să gust și eu din ea.
Ce bună-i! Sunteți eroi,
Mâncare le puteți da!"

"Ce copii frumoși, vioi
Sunt ca niște bujori;
Dară sunt parcă prea goi
Sunt blonzi și rotunjori"

"D-apoi iacă-tă părinte
Iaca cum trăim noi,
La copchii le trebuie multe
Ne zbatem în nevoi!
N-avem altă bogăție
Așa vre Dumnezău,
Suferim de sărăcie
Muncim mult și din greu!"

Mai desculți, mai dezbrăcați
Crescurăm 10 mari,
Mai mult goi și ne-ncălțați,
Viața ne-a făcut tari.

Și-a venit iată și timpul
Unii să se-nsoare,
Fetele-și găsesc iubitul
Pleacă fiecare.

Și-ncepeau cu logodna
Cu nunți și vornicei,
Și era plină ograda
De nuntași și flăcăi.

Ana Dediu – The Poetry of My Life

Au fost şi nunţi în casa noastră,
Dar mai mult cumătrii
Lumea să se veselească
Prilej mai vessel nu-i.

Două zile ţinea nunta
Muzica tot cânta,
Masa mare era noaptea,
Doar cu dar se venea!

Mirele şi cu mireasa,
Ziua hora-ncingeau,
Noaptea nu se-ncepea masa
Fără ei nu-nchinau!

Eu n-am fost atunci deloc
La botez sau nuntă,
Şi nu am putut să joc,
Eram…ocupată!

Şi viaţa a trecut
Făr-să mă veselesc,
Timp atunce n-am avut
Şi-acuma mă căiesc!!

Ana Dediu – Februarie 1984

Ana Dediu – The Poetry of My Life

The world's gossip

And you were magnanimous
If striking a stone at me
Not to get up from the ground
In head you've hit me.

For thus you put down
Not only your mother
But the suffering on earth
Through it, you buried.

And you've saved the world
Of torment and longing,
And the world would have glorified
You as a savior.

A statue they would build for you
Near an old shrub,
To which they would have worshiped
In the month of August.

Other way forever and ever
The followers would blame you,
Anywhere you go,
They will not forget.

I just tell them all
How long have you suffered?
But they have before them
My face hardened.

Ana Dediu – The Poetry of My Life

If you've went to war
And would not come back,
We all would gather.
And express the sorrow.

But as he decided
Not forced to leave,
And forgetting the parents,
At them did not think!

To have just a boy
That you've cared for
So succumbed
They didn't have seen.
That I didn't know to rise you up,
They lived in vain,
The parents to love and
Do not be them left.

And so I can not
To keep them at the distance,
Everywhere I go
They're adding venom.

For they always see
Only my pain
And cannot sense
Your unhappiness.

All mothers in the world
Grieve me,
I've reached a pinnacle
What they do not want.

Ana Dediu – The Poetry of My Life

But whatever people say,
And no matter what the gossip
I, now, and always
Will love you dearly.

From your sweet image
I will not separate,
In my entire life
Even after I'll die.

September 13, 1979

July 19, 1968: Sofia, Ovidiu and Horațiu Dediu -Eforie

Ana Dediu – The Poetry of My Life

Gura lumii

Şi-ai fi fost mărinimos
Dac-o piatră luai
Ca să nu mă scol de jos
În cap de mă loveai.

Căci astfel ai fi doborât
Nici cum pe mama ta
Ci suferinţa pe pământ
Prin ea se-nmormânta.

Şi lumea ai fi izbăvit
De chinuri şi de dor,
Şi lumea te-ar fi proslăvit
Ca pe-un mântuitor.

O statuie ţi-ar fi-nălţat
Lîng-un bătrân arbust,
La ea s-ar fi închinat
În luna lui August.

Că aşa în veci de veci
Urmaşii te-or blama,
Ori pe unde ai să treci
Ei nu te vor uita.

Şi eu le spun doar tuturor
Ce mult ai suferit!
Dar ei au în faţa lor
Chipul meu împietrit.

Dacă plecai la război
Şi n-ai mai fi venit,
Ne-adunam cu toţii noi
Şi te-am fi pomenit.

Ana Dediu – The Poetry of My Life

Dar aşa cum s-a-ndurat
Să plece nesilit,
La părinţi nu s-a uitat,
La ei nu s-a gândit!

Să ai doar un fecior
Pe care l-ai crescut,
Aşa neândurător
Nici nu s-a mai văzut.

Că n-a ştiut cum să-l crească,
Degeaba au trait,
Ca părinţii să-şi iubească
Să nu-i fi părăsit.

Şi aşa eu nu mai pot
La toţi piept să le ţin,
Unde mă duc ei peste tot
Mi-adaugă venin.

Căci ei au mereu în faţă
Numai durerea mea,
Şi nu pot să intuiască
Nefericirea ta.

Toate mamele din lume
Pe mine mă jelesc,
Că eu am atins o culme
Ce ele n-o doresc.

Dar orice-ar spune lumea,
Şi oricît te-ar bârfi
Eu acum şi-ntotdeauna
Pe tine te-oi iubi.

Ana Dediu – The Poetry of My Life

De figura ta cea dragă
Nu mă voi despărți,
Nici în viața mea întreagă
Nici după ce-oi muri.

13 Septembrie 1979

1983 – Mihai (right) and Horațiu Dediu in Cleveland at Case Western Researve University

Ana Dediu – The Poetry of My Life

Adela
My sister

If you never forgot our mother and seldom you remember her,
Her soul lives, if not at list her name
Know that she is far in the Carpathian Mountains,
Under some luminaries clear and so far,
Which in the mirror's Sea never are reflected!
And I'm alone here and I cry and cry again...

Here without a beacon of hope I melt away
Deserted here, I feel terrible.
I need no food, and there isn't any sister
To console me at my too many ages!
And is as I have no one and no friends around
To forget in long chats my prolonged sunset.

And not to feel how's passing at your
Warm and gentle advice,
No one to hear my last sigh.
From your sparkle I will stay away.
For eternity to shine so
While the Moon pushes the stunning the heaven trotters,
And I always will cry to Heaven my big tears.

I like to avoid the horrible persisting with my writing,
Which always takes my thinking
To those who are alive as in other times
My mind brings you around,
Your name Adela in vain I try to avoid!
My lips again and again utter it.

And you are the only hope that's left,
I do not have one, they all ran away from home.

Ana Dediu – The Poetry of My Life

It was past midnight when over my house
Like lightning, the news came from you.
An as hit by lightning I stood as a stone
In my life worse news I never received.

And as a desperate, as a stone I stood,
O! My misfortunes with whom to share?
Alone at home I was when the news came
Only you in the whole world know my pain
And that's why, please try, if you could
For many of my troubles whoever you've been asked

To say that there is no one who can count,
My distresses under which I crush today!
As many as the dust, as the stars in the sky.
I suffer so much here, every single day,
More than anyone can imagine.
Thousands of spades dig the depths of my heart.

Some do perish with me and others I can hide,
O! If I would have uninterrupted voice to cry,
And the heart louder over the abysmal
And countless works if I would have, I cannot
To tell my unhappiness, to tell the whole venom.

The whole world to know! You famous poets,
In your works talk about me.
Describe my being, for I have suffered
More than anyone, the most on this Earth.
And from all in this world, you are the only one left.
Caress my old age in my last hours.

Come, come! Prolong my deep twilight
I feel your tears flowing on my face!
Come on! Come! And hear my last sigh,

Ana Dediu – The Poetry of My Life

I'm alone in this world, under the blue sky.
Come on! Come! At dusk caress me
In the distance and shadow, my life you remain...

Let's hear your sigh of thirst appeased!
When I will fall into the endless sleep
I can see you how sad you're sited at my head,
In the distance and shadow, my life you remain!
My sister! Just quiet time I ask you!
You know well, that now the second time I perish.

For I died, when they have forsaken me,
Since then peace in life I've never found
And death - it was awful the first,
In the distance and shadow my sister you remain.
Enjoy, don't cry, and don't wail.
My death is a sweet liberation for me.

From life's pains eternally I run,
Get rid of the eternally torment load.
I want my spirit and my body to ashes burned,
Let's change all in ashes and smoke.
Nothing to remain on the bleeding Earth
And my ashes in the air be shattered.
Will wander through the big, dry thorns a shadow,
Eternities in row from the Danube to Carpathian.
And see that old traditions lest to keep
And in these days to cemetery to come.
All deserted me, that why I would like that
Nothing to remember of my existence.

And you came to me when you were upset
And you wanted in turn to be helped.
O! All have gone wrong and yet for the worse,
For you hoped in vain that I help you.
And I couldn't say a kind word

Ana Dediu – The Poetry of My Life

Because all his life was a furious
And now became the biggest tyrant
Who lives close by in our Baragan.
He did not housed at least a night
When you waited and drove him to the station.
Since then I cry and grieve my being,
Since then I don't speak with him not a word.

And my poor mother said with trembling voice:
"Everyone in life has as debt a death."
I died as our mother when they left.
Who with this name will call me again?
The second time I was destroyed
As wife, because I wasn't loved.

As in so many moments I was humiliated,
As a bigger sister, and I was home,
That I wasn't able to give you shelter.
That instead of "why you're t upset"?
She was intimidated, was banished
By a man with whom I lived a life
Who showed now his true colors.

Ana Dediu – The Poetry of My Life

Adela
Sora mea

De n-aţi uitat de mama, de-o pomeniţi arar,
De mai trăieşte-n suflet cu numele măcar
Să ştiţi că ea se află departe în Carpaţi,
Sub nişte aştri limpezi şi-atât de depărtaţi,
Ce în oglinda Mării nicicând nu se răsfrâng!
Şi sunt singură aici şi plâng şi iarăşi plâng…

Aici făr de speranţă de dor eu mă usuc
Părăsită de voi, aici, cumplit o duc.
Nu-mi trebuie nici hrană, şi nici o soră nu-i
Să-mi stingă suferinţa la anii mei destui!
Şi parcă n-am pe nimeni şi nici prieteni nu-s,
Să uit în lungi taifasuri prelungul meu apus.

Nici să nu simt cum trece la sfatul cald şi lin,
Nici cine să-mi asculte şi ultimul suspin.
De strălucirea voastră departe eu voi sta…
Eternităţi de-a rândul să străluciţi aşa
Mînă pe ceruri Luna superbii telegari,
Şi eu mereu spre ceruri mai plâng cu lacrimi mari.

Vreau, ca să înfrunt urâtul scriind neâncetat,
Mereu mă duce gândul atât de întristat
Spre cei ce sunt în viaţă ca şi în alte dăţi
Mi te aduce gîndul şi-n preajmă mi te-arăţi,
Numele tău Adela în van îl ocolesc!
Pe buze-mi într-una şi-ntr-una îl rostesc.

Şi singura nădejde doar tu mi-ai mai rămas,
Că nu mai am pe nimeni, toţi au fugit de-acas'.
Trecuse miezul nopţii, când peste casa mea
Ca trăsnetul, o veste dela tine venea.

Ana Dediu – The Poetry of My Life

Ci ca pălită de trăsnet așa am împietrit
În viața mea o veste mai rea nu am primit.

Și ca o disperată, așa ca piatra stam.
O! ce nenorocire cu cine s-o impart?
Căci singură acasă, eram, când a picat
Doar singură pe lume tu știi durerea mea
Și te rog de-aceia încearcă de-i putea
De multele-mi necazuri oricine te-o-ntreba.

Să-i spui că nu e nimeni să poată număra,
Necazurile mele sub care astăzi pier!
Ca pulberea-s de multe, ca stelele pe cer.
Atît de mult eu sufăr aicea, zi de zi,
Mai mult decît oricine își poate-nchipui.
Aleanuri mii îmi sapă al inimii străfund.

Cu mine pier o parte, și-o parte le ascund,
O! dacă mi-ar fi glasul neântrerupt, să plâng,
Și inima, mai tare ca lungul cel adânc,
Și opere nenumărate dac-aș avea, nu pot,
Să-mi spun nefericirea, să-mi spun veninul tot.

Să afle-ntreaga lume! Poeți prea învățați,
În operele voastre pe mine mă cîntați.
Cîntați-mă pe mine, căci eu am pătimit
Mai mult decât oricine, de neânchipuit.
Și dintre toți pe lume doar tu mi-ai mai rămas
Să-mi mângâi bătrînețea în ultimul ei ceas.

Hai, vino! Prelungește-mi acest adânc amurg,
Simt lacrimile tale pe fața mea curgând!
Hai! Vino! Și-mi asculți și ultimul suspin,
Că-s singură pe lume, sub cerul nostru lin.
Hai! Vino! În amurg să mă mângâi
În depărtări și-n umbră, viața mea rămîi...

Ana Dediu – The Poetry of My Life

Hai să-ți aud suspinul de sete potolit!
Când voi cădea în somnul cel fără de sfârșit
Parcă te văd cum tristă îmi stai la căpătâi
În depărtări și-n umbră viața mea rămâi!
Sora mea! Hai lasă! Doar liniște îți cer!
Știi bine că acuma a doua oară pier.

Căci am pierit, când ei m-au părăsit,
De-atunci pace în viață eu nu am mai găsit
Și moartea-ngrozitoare fu asta cea dintâi,
În depărtări și-n umbră tu sora mea rămâi.
Te bucură, nu plânge și nu mă căina...
Eliberare dulce înseamnă moartea mea.

De chinurile vieței pe veșnicie fug,
Să scap pe veșnicie de-al chinurilor jug.
Vreau spiritul să-mi ardă și trupul meu în scrum
Să se prefacă totul în pulbere și fum.
Nimic să nu rămână pe Terra-nsângerată
Și în văzduh cenușa să-mi fie spulberată.

Va rătăci o umbră prin spinii mari, uscați,
Eternități de-a rândul din Dunăre-n Carpați.
Și vezi ca nu cumva la datini vechi să ții
Și-n zilele de datini la cimitir să vii.
M-au părăsit cu toții, de aceia eu aș vrea
Nimic să n-amintească de existeța mea.

Și ai venit la mine că erai supărată
Și ai fi vrut la rându-ți să fii ajutată.
O! toate au mers în rău, și încă spre mai rău,
Căci ai sperat zadarnic în ajutorul meu.
Și n-am putut să-ți spun nici un cuvânt duios
Căci cel ce toată viața a fost un fioros
A devenit acuma cel mai mare tiran

Ana Dediu – The Poetry of My Life

Ce viețuiește acum la noi în Bărăgan.
El nu te-adăpostit nici o noapte doară
Pe când tu-l așteptai cu mașina la gară.
De-atuncea ne-ncetat eu plâng și mă jelesc,
De-atunci eu nici o vorbă cu el nu mai vorbesc.

Și-mi spunea săraca mama cu glas tremurător:
"Fiecare om în viață c-o moarte e dator".
Am murit ca mama când ei au plecat.
Cine cu-acest nume să mă fi strigat?
Iar a doua oară am fost nimicită
Ca soție, căci nu am fost iubită.

Că-n atâtea chipuri am fost umilită,
Ca soră mai mare iar acas-am fost,
Că n-am fost în stare să-i dau adăpost.
Că în loc de ce-i supărată
Ea a fost bruscată, a fost alungată
De un om cu care am trait o viață
Ce și-a dat acuma arama pe față.

Ana Dediu – The Poetry of My Life

Chapter 2: I'm proud of you

I'm proud of you

I'm proud of you Țușcă,
That you work and you're well.
It's been over 2 years
Since when you're Americans!

And the Universities
Received you as a brother.
After you have given a home
They have invited you to discussions.

And they welcomed you
And celebrated you.
Hilton, great man and Professor
Took you as his son!

An office on the spot you got
And started your studies
Two large tables and
Two matching chairs.

The room is yours.
Is a luxury, nothing else!
The key from the main entrance
That opens the big door.

Ana Dediu – The Poetry of My Life

Sunt mândră de voi

Sunt mândră Ţuşcă de tine,
Că munceşti şi că ţi-e bine.
C-au trecut peste 2 ani,
De când eşti l-americani!!

Şi la Universitate
Te-au primit ca pe un frate,
După ce ţi-au dat o casă
Ei te-au poftit la o masă.

Şi ţi-au urat "Bun venit",
Aşa te-au sărbătorit
Hilton om şi Profesor
Te credea a lui fecior!!

Un birou pe loc ţi-au dat
Ca să ai de studiat.
Două mese mari şi late,
Două scaune asortate.

Să ai un scaun să stai,
Altul încă-n plus să ai.
Camera să fie-a ta.
Este lux nu altceva!!

Şi-ai cheia dela intrare
Să deschizi uşa cea mare.

Ana Dediu – The Poetry of My Life

The spring arrived

Spring has arrived
At my little home with flowers.
And about you, dear beloved
I dreamed so many times.

*November 3, 1973 – Virgil Dediu (left),
Sofia and Mihai Dediu (right) with
Ovidiu and Horațiu – Allea Costinești*

In the garden are in flower
Everywhere the strawberries,
In the garden I planted
Flowers which were dear to you.

Spring has arrived
And here at Otopeni
The lilac flowered
Everywhere on the meadow.

[Come you my girlfriend]
[Come to my arms to hold you]
[Ours is the world]

Ana Dediu – The Poetry of My Life

[And happy I cry]

O! Come in the month of May
To hear nightingales.
Come, here is as in a Heaven,
Filled with songs and flowers.

O! If you'd know how much I waited
For the spring sitting on the porch
With a carnation on lapel,
To show that I love you.

At a table is a gentleman
Who complemented me,
With a bon homme figure.

*August 25, 1968 –Ecaterina Gheonea (Pupa Dida, left)
with Ovidiu , Horaţiu and Sofia Dediu – on a balcony
in Bucharest*

Ana Dediu – The Poetry of My Life

Primăvara a sosit

Primăvara a sosit
La căsuța mea cu flori,
Și pe tine drag iubit
Te-am visat de-atâtea ori.

*1982 – New York – World Trade Center Buildng 1 –
From left: parents Mihai and Sofia, grandparents Ana
and Virgil and grandson Horațiu Dediu*

Ana Dediu – The Poetry of My Life

În grădina-au răsărit
Pretutindeni numai fragi,
În grădină-am semănat
Florile ce ți-au fost dragi.

Primăvara a sosit
Și aici la Otopeni
Liliacul a-nflorit
Peste tot și prin poeni.

[Vino tu iubita mea]
[Vino-n brațe să te strâng]
[A noastră-i toată lumea]
[Și de fericit eu plâng]

O! veniți, în luna Mai
S-ascultați privighetori.
Veniți c-aici e-un rai,
Plin de cântece și flori.

O! de-ai ști de când aștept
Primăvara stând în prag
Cu-o garoafă prinsă-n piept
Să știi că te am de drag.

La o masă este-un domn
Ce complimente mi-a făcut
Care-o figură de bon om.

Ana Dediu – The Poetry of My Life

Cronos

I feel connected to you as eyelid tear.
I do not know, I do not see what I hear
On the way ahead which doesn't come back.
I live in the past and present
Every moment, every hour, every day
Apathy catches the implacable
Lord Cronos I pray to you
One moment, Sir Cronos
Just one moment.

Cronos

Mă simt legată de voi ca lacrima de pleoapă.
Nu ştiu ce am, că nu văd ce aud
Pe drum ducător şi ne-întorcător.
Trăiesc în trecut şi în present
Fiecare clipă, fiecare oră, fiecare zi
Prind o apatie a implacabilului
Domn Cronos căruia mă rog
Încă un moment Domnule Cronos,
Încă un moment.

Ana Dediu – The Poetry of My Life

Under the cherry of Otopeni

In the forest at Otopeni
All blossomed cherry
And the white and purple lilac
Spread a discreet fragrance.

[And the Yellow of Otopeni]
[Mirrors in dandelions]
[Which fall asleep at the sunset]
[Its rise sounds reveille]

[Cherry trees lost their petals]
[On the alley is like it snowed]
[With their immaculate white]
[You feel like in paradise.]

At the entrance of the old age Temple
A magnolia welcomes you
With thousands of blooming buds
And with a sweet melancholy.

In majestic silence,
On beautiful mysterious alleys,
Old shy ladies
Seizes the wretched time.

Let us glorify this year
The noble Lady Aslan,
Who from early youth
She thought at old age.

Ana Dediu – The Poetry of My Life

That's the golden age,
The wisdom of old age
Which crowns with laurel
The temporal passing of life

And there is a "Dura Lex"
When people stop having sex
The heart is still young
And the love is eternally.

July 20, 1968 – Ovidiu(left) and Horațiu Dediu at the Black Sea

Ana Dediu – The Poetry of My Life

Sub vişinii de la Otopeni

În pădure la Otopeni
Toţi vişinii au înflorit
Şi liliacul violet
Împrăştie-un parfum discret.

[Iar galbenul de Otopeni]
[Se oglindeşte-n păpădii]
[Adorm odată cu-n serarea]
[Soarele sună deşteptarea]

[Cireşii s-au cam scuturat]
[Pe-aleia lor parcă a nins]
[Cu albul lor imaculat]
[Te simţi parcă în paradis.]

Cum intri-n Templul Senectuţii
Te-ntâmpin-o magnolie
Cu mii de boboci înfloriţi
Şi c-o dulce melancolie.

Într-o tăcere maiestoasă,
Pe-alei frumoase tainice,
Cîte-o bătânică sfioasă
Trăieşte clipe jalnice.

Să o slăvim noi în acest an
Pe nobila Doamnă Aslan,
Că din fragedă tinereţe
Ea s-a gîndit la bătrâneţe.

Ana Dediu – The Poetry of My Life

Asta-i vârsta cea de aur,
Înțelepciunea senectuții
Ce încununează cu laur
Vremelnica trecere-a vieții

Și există o "dura lex"
Când oamenii nu mai au sex
Inima-i tot tânără
Iar dragostea tot eternă.

February 6, 1969 – Horațiu Dediu –The bookcase, his preferred place.

Ana Dediu – The Poetry of My Life

Under the blooming apple tree

I rested all day
Under the freshly blossomed apple tree,
The bees have invaded it
Sipping its sweet nectar.

In the shadow of its fragrance
I am with four old ladies
And every one's thoughts
Make up the conversation.

I sing them softly
To bring some joy to them
And if they smile
I am happy the whole day.

I feel a great joy
When I can do well,
Whoever it is,
To provide a joy.

Come: the nightingale sings
And the lilac is in flower.
Going slowly through the orchard
The flowers caress me.

And some of them like holy
Move slowly, as shadows,
Are bent and weakened
Beautiful flowers wilted.

Ana Dediu – The Poetry of My Life

Goodness shows in their eyes
And so innocent
And I try
A little to cheer them up.

May 10, 1988

February 1, 1969, Ana Dediu (left) with Mihai (right up), Ovidiu and Horațiu Dediu, in Balta Alba

Ana Dediu – The Poetry of My Life

Sub mărul proaspăt înflorit

Am stat pe bancă toată ziua
Sub mărul proaspăt înflorit,
Albinele l-au năvălit
Sorbindu-i dulcele nectar.

La umbra lui înmiresmată
Stau cu patru bătrânele
Şi fiecare-n gîndurată
Îşi deapănă gândurile.

Şi eu le cânt încetişor,
Puţin ca să le veselesc
Şi dacă ele îmi zâmbesc
Sunt ziua toată fericită.

Că simt o mare bucurie
Când pot un bine ca să fac,
Oricine ar fi să fie,
Să-i dăruiesc o bucurie .

Veniţi: privighetoarea cântă,
Şi liliacul e-nflorit.
Mergând încetul prin livadă
Florile mă alint.

Ana Dediu – The Poetry of My Life

Şi unele ca nişte sfinte
Se mişcă-ncet ca umbrele,
Sunt aplecate şi slăbite
Frumoase flori ce-s ofilite.

Dar au în ochi o bunătate
Şi aşa nevinovate,
Că eu pe toate mă silesc
C-un pic să le-nveselesc.

10 Mai 1988

*April 26, 1969 – Ovidiu (left) and
Horaţiu Dediu – In park*

Rain in Galați

Lina's tenant, Angela
Delicate as a gazelle,
Came with a strange idea,
To leave for the village tomorrow.

Her sister on the phone,
On a very serious tone
Told her that the cherries will be soon gone
And the sour cherries are ripened.

To make preserves, jellies and jams,
Good with ice water.
And Jan, her husband gallant,
Instantly ticket bought.

But see what happened
Just when it rained.
An endless rain,
Accompanied by thunder.

In the morning I tell her vainly
"I'll take you to the station".
But on this torrent,
I would have stayed in place.

But she doesn't perceives the rain,
She doesn't see that's raining.
She wakes the child
Put him on the potty.

Ana Dediu – The Poetry of My Life

Then she twitches,
And pushes him,
He doesn't stand still,
Let's go ... and ... peace.

And she muffled him,
And screams at him,
He doesn't want to stand
As she put him.

Then addressing to me:
Take Jan's jacket!
Wait Bogdan!
What was I to do?
I'm taking on the coat.
But it was huge
And very warm in it.
Instead of umbrella,
From Horățel
A kind of a wrap
Which is ready to fall.
And we start through rain.

I with a large bag
The jacket I can't button
And hold the bag over it.
The rain is pouring from above
On the nose and chest.

The torrent reached the legs.
And I was stepping
Through puddles, the water
Meeting with what came from up...

Ana Dediu – The Poetry of My Life

And I started to sweat,
Across all my back,
The stream
Reached the foot.

Angela tall and svelte is going
Faster than my verse.
And was running down, down,
As a deer.
In my mind the universe
Lost all its sense.

I my walk I cannot advance much
Although I'm rushing
I see her in the distance
And yells at me
That "the bus is coming"
I'm flustered,
I want to hurry
Ready to fall
I stumble,
My heart beats
The rain runs through me.

I have no power
Feet are heavy
There are 10 more steps
Ten large and broad,
But I can not
A word to say.
The bus was stopped
And she's already racing.
I see a man
I felt that's a gentleman
And in desperation:
"Take this please bag!"

Ana Dediu – The Poetry of My Life

When she dot the bag
I sighed.

As a Paparuda
I'm staying in rain wet
I cannot move,
The bus started.

Then I go slowly
My nose is a faucet
The rain is pounding me
And cools me off.

The shoes are soaking,
It's warm in the padded coat,
The rain out is great,
Inside is only sweat.

The Earth spins
But the rain wakes me up
I like Noah's flood
I can hardly walk.

I want to take my clothes off at the gate
Because I'm all wet.
At the door I took them off
Throwing them away.
Down there were left.

With a towel I dry,
And I didn't sneezed at all,
I'm a devil skin
In all I find the cure.
Angela and Bogdan
Were wet as well,
And in the bus escaped

Ana Dediu – The Poetry of My Life

The rain dried on them.

Godspeed and get there well.
I wish you'll be healthy as me.
I was very happy that
When the bus you touched.

Contrary, I would have been to blame
If the bus departed.

June 27, 1988

November 4, 1968 - Professor Ovidiu Popescu (left)
with Sofia and Ovidiu Dediu - Bucharest

Ana Dediu – The Poetry of My Life

Ploaie la Galați

Chiriașa Linei, Angela,
Gingașă ca o gazelă,
I-a venit așa-ntr-o doară,
Să plece mâine la țară.

Sora ei la telefon,
Pe un prea grav ton
A chemat-o, că se trec cireșele
Și s-au copt vișinele.

Să facă compot, dulceață,
Bună cu apă la gheață.
Și Jan, soțul ei gallant,
Bilet cu loc i-a cumpărat.

Dar vezi cum s-a întâmplat
Tocmai atunci a plouat.
Dar o ploaie nesfârșită,
De tunete însoțită.

Dmineață îi zic într-o doară
"Te duc eu la gară".
Dar pe acest potop,
Aș fi stat pe loc.

Dar ea nici una nici două,
Nu vede că plouă.
Pe copil îl sculă
Il pune la oală.

Ana Dediu – The Poetry of My Life

Apoi îl smucește
Și îl îmbrâncește,
Că nu stă să-l îmbrace,
Să plece … și … pace.

Și-l înfofolește,
La el se stropșește,
Ca așa să stea
Cum îl pune ea.

Apoi înspre mine:
Ia haina lui Jan!
Stai așa Bogdan!!
Ce era să fac?
Cu haina mă-nbrac.
Era însă mare,
Călduroasă tare
În loc de cortel,
Dela Horățel.
Un fel de broboadă
Ce stă ca să cadă.
Și-o porni prin ploaie.

Eu cu o gentoaie
Haina n-o pot încheia,
Și țin geanta peste ea.
Curge o ploaie de sus
Că pe nas, pe piept s-o scurs.

Pe picioare mi-a ajuns.
Și călcam așa de sus
Prin băltoace, apa se-ntâlnea
Cu cea ce de sus venea.

Ana Dediu – The Poetry of My Life

Şi sudoarea mă trecea,
Spinarea o traversa,
Pe picioare se scurgea,
Şi tot pe jos ajungea.

Angela înaltă, şi sveltă, are mersul
Mai repede ca versul.
Şi coboară, coboară,
Ca o căprioară.
În mine tot universul
Şi-a pierdut acuma sensul.

Nu am la mers nici un spor
Deşi mă grăbesc de zor
Ea se distanţează
Se îndepărtează
Şi strigă la mine
Că "maşina vine"
Eu mă fâstâcesc,
Vreau să mă grăbesc
Şi nu reuşesc
Mă împleticesc,
Inima îmi bate,
Ploaia mă străbate.

Nu mai am putere
Piciorele-s grele,
Mai sunt 10 paşi
Zece mari şi laţi,
Dar eu nu mai pot

Un cuvânt să scot.
Maşina s-opreşte
Şi ea mă zoreşte
Iaca văd un om
Îmi părea un domn

Ana Dediu – The Poetry of My Life

Şi eu disperată:
"Du această geantă!"
Când geanta i-a dat
Eu am răsuflat.

Ca o paparudă
Stau în ploaie udă,
Nu mă pot urni,
Maşina porni.

Apoi plec încet,
Nasu-i robinet
Ploaia mă plesneşte
Şi mă răcoreşte.

Pantofii sunt fleaşcă,
Mi-i cald în pufoaică,
Pe-afară e ploaie mare,
Înăuntru e sudoare.

Pământul se învârteşte
Dară ploaia mă trezeşte
Parcă-i potopul lui Noe
Eu merg tare anevoie.

Vreau să mă dezbrac la poartă
Că şi-aşa sunt udă toată.
La uşă m-am dezbrăcat
Hainele le-am lepădat.
Acolo jos le-am lăsat.

Cu un şervet m-am uscat,
Dar deloc n-am strănutat,
Că eu sunt chele de drac
La toate le găsesc leac.
Şi Angela cu Bogdan

Ana Dediu – The Poetry of My Life

S-au udat și ei aman,
În mașină au scăpat
Pe ei ploaia s-a uscat.

Drum bun și s-ajungeți bine,
Să fiți sănătoși ca mine
Că mașina-ți apucat
Asta mult m-a bucurat.

Că eu aș fi fost de vină
De pierdeați astă mașină.

27 Iunie 1988

December 7, 1968 – Sofia with Ovidiu and Horațiu Dediu (right)

Ana Dediu – The Poetry of My Life

Pupa Dida

Pupa Dida came across the Atlantic,
Great joy is-n Olga Bancic!
She came all the way from Lakewood,
Brings kisses from the loved ones!

She arrived here, right next to them,
Great joy on the street with lime trees!
She brought with her some little things,
Which for us have a great value,
Because for the parents any trinket
Has a meaning and it's priceless!

October 1, 1983

Pupa Dida

A venit Pupa Dida de peste Atlantic,
Mare bucurie este-n Olga Bancic!
A venit acuma tocmai din Lakewood,
Aduce pe buze a celor dragi sărut!

A sosit aicea, chiar lângă ei,
Mare bucurie și-n strada cu tei!
Și-a adus cu ea niște lucrușoare,
Care pentru noi au multă valoare,
Că pentru părinți orice flecuștet
Are-o-ncărcătură care-i fără preț!

1 Octombrie 1983

Ana Dediu – The Poetry of My Life

The last meeting

I have less than a month
And I cross the Ocean
I'm flying like crazy
To get over my exasperation!

Return back
The years that have passed
To be with you again
Like it was before!

I fought hard
And I got the ticket,
For it is my right
To see my son!

To see also Sofica
My lovely daughter in law,
Even if she's in America
Any effort she deserves.

With Ovidiu to discuss
About all in life,
And how he grew
Prey of solitude.

To see also Horăţel
How he transformed
How did he arrived to be
A knowledgeable man.
The life is an enjoyment,
That comes Pupa Ana
Any trouble gets forgotten,
For she is only.. one !

Ana Dediu – The Poetry of My Life

Life is irrational
Is like it just started,
And an instant is an eternity
I held in my arms!

And to celebrate
For the last time
We'll never meet again
In this life we have.

And lastly do not forget
To celebrate Bubu and to honor
Let's send him a thought
In sign that we still love him.

Pupa Ana, May 21, 1987
This is the day we bought tickets for June 11, 1987.

*August 25, 1968 – Gheonea Ecaterina (Pupa Dida)
with Ovidiu and Horațiu Dediu (left)*

Ana Dediu – The Poetry of My Life

Cea din urmă întâlnire

Am mai puţin de-o lună
Şi traversez Oceanul
Zburând ca o nebună
Să-mi astâmpăr aleanul!!

Întoarcă-se-napoi
Anii ce-au trecut
Să fiu iar cu voi
Aşa ca la-nceput!!

M-am luptat din greu
Şi-am obţinut biletul,
Căci este dreptul meu
Ca să-mi mai văd băietul!

S-o văd şi pe Sofica
Nora-mi cea mult iubită,
Chiar dacă-i în America
Orice effort ea merită.

Cu Ovidiu să discut
De toate ale vieţii,
Şi cum el a crescut
Pradă singurătăţii.

Să-l văd pe Horăţel
Cum s-a transformat
Cum a ajuns el
Un învăţat bărbat.

Ana Dediu – The Poetry of My Life

Ci să vă bucuraţi,
Că vine Pupa Ana
Orice necaz uitaţi,
Căci ea este doar .. una!

Viaţa-i o nebunie
Parcă abia a-nceput,
Şi-o clipă-n veşnicie
În braţe v-am ţinut!

Şi să ne veselim
Pentru ultima oară
Nu ne mai întâlnim
Nici când în viaţă doară..

Şi nu-n ultimul rând
Pe Bubu să-l cinstim
Să-i trimitem un gând
În semn că-l mai iubim.

Pupa Ana 21 Mai 1987
Aceasta este ziua când am cumpărat biletul de avion pentru 11 Iunie 1987.

Life
The life is everything you do
While waiting to die!

Viața
Viața este, ceea ce faci
În timp ce aștepți să mori.

*1982, Edison House Museum in Ohio, USA.
From left: Ovidiu, Ana, Horațiu, Sofia, Mihai
and Virgil Dediu*

Ana Dediu – The Poetry of My Life

Open the window

Open up, open the window
In my arms come fast.
The Moon and the stars don't know
The charm of the evergreen trees.

Open, then open the door
Through it you can come,
And stop for a minute on threshold
To look at you fondly.

Open, open, and gate
Closely to watch you,
Maybe it's my fate
To love you.

A word only to tell you,
That no one in this world
Is as beautiful as you.

*1982 – New York – Metropolitan Opera House
From left: Ovidiu, Virgil Dediu (next to left) with
Sophia (next to right), Ovidiu (left) and Horațiu Dediu*

Ana Dediu – The Poetry of My Life

Deschide fereastra

Deschide, deschide fereastra
În brațele mele să-mi cazi.
Nu știe nici Luna, nici stelele
Farmecul pădurilor de brazi.

Deschide, deschide apoi ușa
Prin ea să poți ieși,
Și oprește-te o clipă-n prag,
Ca să te privesc cu drag.

Deschide, deschide și poarta
De-aproape ca să te privesc,
Că poate așa mi-e soarta
Pe tine să te iubesc.

O vorbă numai să-ți spui,
Că nimeni în lumea asta
Ca tine frumoasă nu-i.

February 28, 1966 – Ioana Condurache (left, the mother of Ana), Ana Dediu (right) and Sofia Dediu – Drumul Sării, Bucharest

Ana Dediu – The Poetry of My Life

Mother

It was in (19) 68 when my mother left
And from there on
These facts I can't forget.

February 11, 1962 – Ioana Condurache, the mother of Ana Dediu, in Bucharest

In our parent's house,
The house from the hill,
People came to moan;
She's placed on a stand.

Ana Dediu – The Poetry of My Life

Four wax candles
At her head blinking,
The Saint Mary the Virgin
Icon lays on her chest.

And so, the vigil takes place
In all nights,
Until she'll be buried.
The sisters are crying.

1957: Mihai Condurache, the father of Ana, in Costeşti

Ana Dediu – The Poetry of My Life

And after she left
Behind her remained a desolated land
Without mother the whole place
Is like when the fire is out.

Ana Dediu, 71 years and 162 days

Ana Dediu – The Poetry of My Life

Mama

Era in (19)68 când mama s-a sfârşit,
Şi de-atuncea eu nu pot
Aceste fapte să uit

În casa noastră părintească
În casa dela deal,
Vin neamuri s-o jelească,
Ea sta pe-un pedestal.

Patru lumânări de ceară
La cap îi pâlpâie,
Sfânta Maria Fecioară
Icoană pe piept e.

Şi aşa o priveghează
În toate nopţile,
Până o înmormântează
O plâng surorile.

Şi în urma ei pustiul
Toate le-a cuprins
Fără mama chiar şi locul
Este ca focul stins.

Ana Dediu, 71 de ani şi 162 de zile

Ana Dediu – The Poetry of My Life

February 28 1966 – Ioana Condurache (left) with daughter Ana Dediu (right) and grandson Mihai Dediu

Ana Dediu – The Poetry of My Life

Goodbye

From now on I will not see you again,
Remain well and stay well!
I'll keep out of your way
I will protect you.

From now you do what you want
From now I do not care anymore,
The most sweet-between the sons
Goes and leaves me.

When freezing many times,
I was looking through the branches
Expect to see you
When looking through the windows.

If the Moon is rapping on the meadows,
And trembles on the lakes
However I feel that since then,
It seems to be centuries.

With first evening eyes
I won't look at the house
That's why you'll stay behind
Farewell. Farewell. Goodbye

Adio

De-acuma nu te-oi mai vedea,
Rămâi, rămâi cu bine!
Mă voi feri din calea ta
Mă voi feri de tine.

> De astăzi dar tu fă ce vrei
> De astăzi nu-mi mai pasă,
> Că cel mai dulce-ntre fii
> Se duce şi mă lasă.
>
> Când degerând atâtea dăţi,
> Eu mă uitam prin ramuri
> Şi te-aşteptam să te arăţi
> Să te arăţi la geamuri.

Că dacă Luna bate-n lunci,
Şi tremură pe lacuri
Totuşi îmi pare că de-atunci,
Îmi pare că sunt veacuri.

Cu ochii serei cei de-întâi
Casa n-o mai privi-o
De-aceea-n urma mea rămâi
Rămâi cu bine. Adio.

Ana Dediu – The Poetry of My Life

1949 – Ana Dediu with her son Mihai Dediu in Cișmigiu garden, Bucharest

1955 – Virgil and Ana Dediu with their son Mihai Dediu, in the Herastrau Park

1956 – Ana Dediu and son Mihai Dediu

Ana Dediu – The Poetry of My Life

Chapter 3: The House

The house

"I'm sorry mother, to leave this house now."
Suddenly I heard your trembling voice.
"O! I see you're tired!
But it's the last time you'll bother.
Bigger it seems now, when it is empty,
Maybe now î see it for the last time. "
And these harsh words that hurt me deep
Put my old heart forever in tumult.

And you went up to the University
To say goodbye to all and from all.
You went in the last journey,
From all and from everything to say goodbye.
I have, my loving parents the right to delay the clock
Because, here, I leave you forever!
You have not died, yet I have lost you forever.
All that's unique, the mother who in pain bore me,
In the distance and shadow my country you remain,
I am a stranger to you now and the boundless is in front of me.

Ana Dediu – The Poetry of My Life

Casa

"De casa asta mama, să știi că-mi pare rău"
Am auzit deodată tremurând glasul tău.
"O! eu văd ce obosită ești!
Dar e ultima oară când te mai obosești.
Mai mare parcă pare, acum, când este goală,
Poate că o privesc acum ultima oară."
Și-aceste vorbe grele ce adânc mă dureau
Inima mea batrână pe veci o fărâmau.

Și ai plecat în sus la Universitate
Să-ți iei rămas bun de la toți și dela toate.
Te-ai dus așa să faci ultimul drum,
De toți și dela toate ca să-ți iei rămas bun.
Am drept iubiți părinți să întârzii un ceas
Că pentru totdeauna aicea eu vă las!
Voi n-ați murit și totuși pe veci v-am pierdut.
Tot ce-i mai scump, pe mama ce-n chinuri m-a născut
Eu sunt străin acum și-s fără căpătâi,
In depărtări și-n umbră tu țara mea rămâi.

Ana Dediu – The Poetry of My Life

Lina's life
My sister

When Lina got married
At Dinga she moved.
And there they were rich,
They had a beautiful home.

It was built on a knoll,
With a wonderful view,
They has a very close water source
With a good cold water.

*1950 – Mihai Dediu at Costeşti with
aunt Sonia (the smaller sister of Ana)*

But all they have left,
And one day they were gone
To be next to the daughter
At T. Vladimirescu village
To live their whole life.

Ana Dediu – The Poetry of My Life

But Rodica left,
The company moved
In Moldova, in Onesti,
Or maybe to Săvineşti.

Then they though again
And on the road started,
To Galati near the boy;
And here they settled.

But soon also Dorin
Went just to Caşin.
Then they started
And a house built.

*1954 – Aurelia Gherasim (left, older sister of Virgil),
Mihai Dediu (in cart) at Ţiubucani with cusin Lia*

George has retired
No even a month he lived
And he left Lina
And in the cemetery moved.

Ana Dediu – The Poetry of My Life

Lina alone remained
To take care of everything.
Ultimately Silvia and her boy
Here at Galați moved.

Rodica with her son struggles,
Who doesn't make a payment.
Claudiu with the wife
Just nothing want to know.

But Dorin is well,
Has two houses and car
And it has a little daughter
Which now is a little Miss.

Lina now is satisfied
With the children help,
Rodica takes care of her,
She's always sick.

Lina is septuagenarian
In this spring
74 she'll be.
"Happy Birthday in good health!"

Pupa Ana
May 3, 2002

Ana Dediu – The Poetry of My Life

Din viața Linei
Sora mea

Lina când s-a măritat
La Dinga ea s-a mutat.
Și era aici fruntașă,
Avea o casă frumoasă.

Era pe-un dâmb așazată,
C-o privire minunată,
Avea aproape o fântână,
Cu o apă rece și bună.

Dar pe toate le-au lăsat,
Și într-o zi ei au plecat
La Tudor Vladimirescu, lângă fată
Să trăiască viața toată.

Dar Rodica a plecat,
Cu serviciul s-a mutat
În Moldova, la Onești,
Sau poate la Săvinești.

Atunci ei s-au chibzuit
Și la drum iar au pornit,
La Galați lângă băiat,
Aici ei s-au așezat.

Dar îndată și Dorin
S-a dus tocmai la Cașin.
Atunci ei s-au apucat
Și o casă și-au înjghebat.

Ana Dediu – The Poetry of My Life

Georgică s-a pensionat,
Nici o lună n-a durat
El pe Lina a lăsat
Și-n cimitir s-a mutat.

Lina singur-a rămas
Vai de capul ei ce-a tras.
Pîn-la urmă Silvia și-al ei băiat
Aici la Galați s-au mutat.

Rodica cu feciorul se luptă,
Că nu participă la plată.
Claudiu cu-a lui soție
Nimic nu vor să știe.

Dorin însă-o duce bine,
Două case și mașină,
Și are o fetișoară
Care-i acum domnișoară.

Lina-i acum mulțumită
Și copii o ajută,
Rodica o îngrijește,
Că mereu se-nbolnăvește.

Lina-i septuagenară
În această primavară
74 de ani face.
"La mulți ani cu sănătate!"

Pupa Ana
3 Mai 2002

Ana Dediu – The Poetry of My Life

Curiosity - Vasile

My brother
Vasile 70 years - June 24, 1921 1 +9 +2 +1 = 13
Ana 79 years - June 30, 1912 1 +9 +1 +2 = 13
The figures are the same only the last two are reversed.

Curiozitate – Vasile
Fratele meu

Vasile 70 de ani – 24 Iunie 1921 1+9+2+1= 13
Ana   79 de ani – 30 Iunie 1912 1+9+1+2= 13
Cifrele sunt aceleași doar ultimele două sunt inversate

January 16 1968 Ovidiu Dediu and mother Sophia Dediu (pregnant with Horațiu)

Ana Dediu – The Poetry of My Life

When I was student

About my brothers

We were born both
In June,
And we Vasile, both,
Have the same sign.

Cancer goes backwards,
But we were going ahead.
We kept it straight ahead,
Without expectation.

Four digits intrinsic:
From your year
Gives the number 13
From my year
The unlucky number
Which we've ignored.
Nor did we bother
We kept working.

All three lived at Gherghiceanu
As in a cell
I also gave preparations
The whole year, so
We had for rent.

Costică was laborer
20 per day received;
15 of them he drank
Only 5 lei he was giving me.

Ana Dediu – The Poetry of My Life

I had to cook,
To learn and do laundry
But one fine morning,
When Vasile got out of bed,
He started to fell nausea,
And fell on the floor.
We went to Spyridon
The hospital for poor:
"He suffers of starvation,
Give him to eat meat."

And one day with Costică
A quarrel took place
And from a stoppage
Vasile stepped on a scissor.
Costică got confused and lost.
I bristled at him,
And in despair I pulled the scissors
When the blood gushed.

And I was qualified
As a brave
"Rather than Costică Bădie
You were more "man"!"
The leg a swollen,
And turpentine I applied,
You always I've treated it,
You were not to blame.

And the flying thought
Through Iassy always carries me,
Up to the Flowers Street
Where I worked tirelessly
Ready to die any time.
A basement with a hob
And by two blankets,

Ana Dediu – The Poetry of My Life

Was in the middle separated
The two beds.

In one I was sleeping
With a poor fellow girl,
I was helping her,
I had a good heart.
In fact I was
The troubled one,
With two brothers
To take care of!

I eat only stale bread,
And hard as a stone,
There was nowhere else
The misery that was.
And when you ask me
"But we don't buy meat?"
"No! Vasile, we don't have money
Meat to buy."

1930 – Ana Condurache –Bacalaureat Diploma

Ana Dediu – The Poetry of My Life

Studenţia
Despre fraţii mei

Ne-am născut noi amîndoi
În luna Iunie,
Şi-avem Vasile, amîndoi,
Aceiaşi zodie.

Racul merge îndărăpt,
Dar noi înainte,
Am ţinut-o aşa drept,
Fără 116um ă116116iment.

Patru cifre intrinsece:
De la anul tău
Dau numărul 13
De la anul meu
Numărul ghinionist
Ce noi l-am ignorant.
Şi nici nu ne-am sinchisit
De treabă ne-am cătat.

Toţi trei stăteam la Gherghiceanu
Ca într-o chilie
Şi eu preparam tot anu
S-avem de chirie.

Costică zilier era
20 pe zi primea;
15 din ei bea
Doar 5 lei îmi dădea.

Eu trebuia să fac mâncare,
Să învăţ şi să spăl.
Unde-am stat odată,
Un demisol c-o plită

Ana Dediu – The Poetry of My Life

Şi cu două pături,
Era-n mijloc despărțită
Cu vreo două paturi.

Într-unul eu dormeam
C-o colegă sărmană,
Şi eu o mai ajutam
C-aveam inimă bună.

De fapt eu eram
Cea mai necăjită
Că doi frați cu mine-aveam
Şi eram mai muncită!
Munceam fără încetare
Gata să mă deşăl.

Dar într-o bună dimineață,
Cînd te-ai dat jos din pat,
Te-a apucat aşa o greață,
Că pe 117um ă117 chicat.
Ne-am dus la Spiridonie,
Spitalul de calici:
"Are inaniție
Dă-i să mănânce mici"
Şi-odată cu Costică
La sfadă v-ați luat,
Şi dintr-o piedică
În foarfec-ai călcat.
S-o spăriet, s-o fâstâcit.
Eu la el m-am stropşit,
Şi-n disperare foarfec-am smucit
Cînd sângele a țâşnit.

Ana Dediu – The Poetry of My Life

Atunci tu m-ai calificat
Drept o curajoasă,
"Decît bădia Costică
Ai fost mai "bărbat"!"
Picioru-ţi s-o umflat,
Şi cu terebentină,
Mereu ţi l-am tratat,
Nu erai tu de vină.

Şi gândul cel zburător
Prin Iaşi mereu mă poartă,
Până-n strada Florilor
Mâncam numai pâine veche,
Şi tare ca chiatra,
Că nu mai avea pereche
Mizeria ce era.
Şi când 118um ă întrebai:
"Da carne nu luăm?"
"Nu! Vasile n-avem bani
Carne să cumpărăm".

Ana Dediu – The Poetry of My Life

Meeting Virgil

Behind the curtain at the window
I was studying one day.
A dubious presence
From the blue sky:
"What are you doing here?"
"How dare you ask me?
When you don't know me?"
"No offense
That I pulled the curtain aside
Just out of curiosity."
But I felt offended and
I did not answer, I was confused!
And he went away.

The next day, knocks at the window!
"Who could be?"
He again looks at me.
"What are you doing? Really, come on, say."
"I'm studying! I have exams."
"What? You are student? "
"Yes! And I'm very serious."
As I was living,
And how I was dressed,
Nobody believed that I was ambitious,
And very studious!

He lived in the same courtyard
But at another owner.
We had pleasant meetings
On the academic topics!

He was somehow upset
That being in the senior year

Ana Dediu – The Poetry of My Life

*1938- Ana Condurache – University Diploma,
Speciality Universal History*

    He took only two exams.
    His enemies were great!

    He was stunned of my desire
    To work and to learn.
    And that stimulated him
    To start himself to study!

Ana Dediu – The Poetry of My Life

1939 – Virgiliu Dediu – University Diploma –Specialty Electrical Engineering

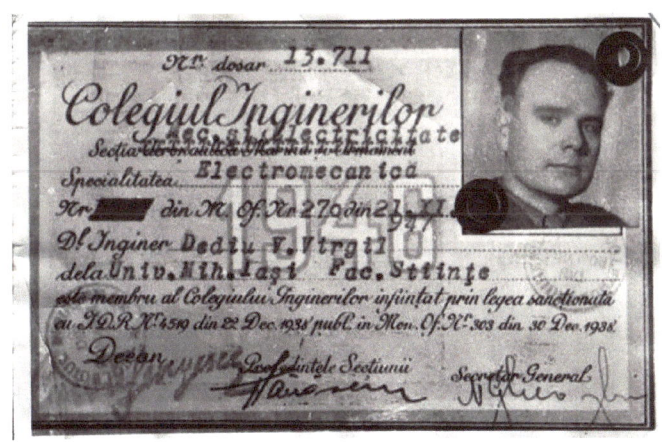

1947 – Virgil Dediu – Specialty Electromechanical from the Engeenering Institute

Never, not even in my dreams
I thought that in actuality I met

Ana Dediu – The Poetry of My Life

My future husband!

1938 - Ana Dediu and Virgil Dediu

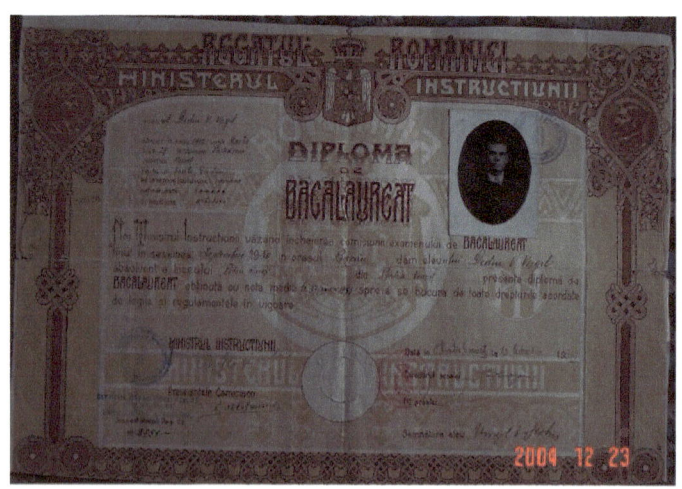

1930 – Virgil Dediu – Bacalaureatr Diploma

Ana Dediu – The Poetry of My Life

Intâlnirea cu Virgil

Cu perdeaua trasă
Învăţam la geam.
O prezenţă dubioasă
Aşa tam-nesam:
"Ce faci tu aici?"
"Cum de îndrăzneşti
Să mă tutueşti
Cînd nu mă cunoşti?"
"Nu te supăra
Că perdeaua la o parte
Am îndrăznit a da
Aşa din curiozitate."
Dar eu bosumflată
Nu i-am mai răspuns
Eram surescitată!
Iară el s-a dus.

Cînd a doua zi
Cine ciocăneşte?
"Cine o mai fi?"
Tot el mă priveşte ...
"Ce faci? Zău, hai, spune".

"Învăţ! Sunt în sesiune."
"Cum? Ce, eşti studentă?"
"Da! Şi-s tare exigentă."
Aşa cum stăteam,
Şi cum mă-nbrăcam,
Nimeni nu credea că-s ambiţioasă,
Şi că-s tare studioasă!

Ana Dediu – The Poetry of My Life

Locuia-n aceiași curte
Dar la alt proprietar.
Aveam întâlniri plăcute
Pe plan universitar!

May 27, 1939 –Virgil Dediu and Ana Dediu – Marriage Cerificate

Era tare supărat
Că fiind în anul cinci

Ana Dediu – The Poetry of My Life

Două examene a dat.
Îi erau mari inamici!!

L-a uimit dorința mea
De-a munci și-a învăța,
Și asta l-a stimulat,
Că s-apucat de-nvățat!

Nici cu gîndul nu gândeam
C-am cunoscut de fapt,
Pe cel care nici visam
Viitorul meu bărbat!

August 25, 1969 – Horațiu Dediu and Ovidiu Dediu

Ana Dediu – The Poetry of My Life

Seeing again my brother Vasile

The war separated us
For a long time,
Then we got married
As worthy characters!

We met again remember
When your older girl
Came to Bucharest
To university.

You talked to her about me
Now, in such a way,
That I became
For her "model"!

But she surpassed me
She is smarter.
What courage she had,
It's worth to be admired.

She left just as Michael
But she's alone
And left us speechless,
In our little world.
She lifted us-both high
We're not anonymous,
We now have become
The happy old parents.

And as septuagenarians
The cherries three of the world,
Both retired,
We remained on our own.

Ana Dediu – The Poetry of My Life

Through the hardship,
You remained widow
I hastily followed you,
Remaining myself alone.

But through a lucky plan
You found Ana.
Which proves,
That the humans always search for love.

Ana Dediu, June 5, 1991, Bucharest

1950 – Costeşti – Ana Dediu (left up) with brothers and sisters: Adela (center down), Sonia (left down), Vasile (center up), Melu (right), Matei (second from right), Gica (wife of Vasile, near him)

Reîntâlnirea cu Vasile
Fratele meu

Războiul ne-a despărțit
Pentru mai multă vreme,
Apoi ne-am căsătorit
Ca personaje demne!

Ne-am regăsit îți amintești
Când fata ta cea mare
A venit la București
La studii universitare.

Tu de mine i-ai vorbit
Ei, în așa fel,
Încît eu am devenit
Pentru ea "model"!

Dară ea m-a întrecut
Este mai deșteaptă.
Ce curaj ea a avut,
Merită admirată.

A plecat ca și Mihai
Dar ea-i singurică,
Și ne-a lăsat fără grai,
În lumea noastră mică.

Pe-amîndoi ne-au ridicat,
Nu suntem anonimi,
Noi acum am devenit
Cei fericiți bătrâni.

Ana Dediu – The Poetry of My Life

Şi ca septuagenari
Ai lumii cireşari,
Amândoi pensionari,
Rămas-am singulari.

Prin a soartei vitregie,
Ai rămas fără soţie
Şi eu grabnic te-am urmat,
Am ramas fără bărbat.

Dar cu-n plan bine gîndit
Pe Ana ai găsit,
Ceea ce ne dovedeşte,
Că omul mereu … iubeşte

Ana Dediu, 5 Iunie 1991, Bucureşti

November 3, 1968 – Sofia, Ovidiu (two years old), Horaţiu and Mihai Dediu

Ana Dediu – The Poetry of My Life

My last tooth

I am now in Galați
To spend my grieving years.
Run from loneliness
I'm fleeing the death.
I'm running from all,
But I cannot,
To leave my thoughts,
Everywhere they find me.
But I didn't have peace,
A tooth started to hurt.
The last old tooth now
Throughout my mouth master.
The dentist placed it on prosthesis,
To keep it in place, to fix it.
It was like a post,
It would move in no time.
I knew would come,
But the dentist didn't care...
Next to the young denture,
It looks disgraceful.
A hideous remnant
Yellow and abominable,
It started then to grow
And clash to the top plate.
Besides that it's not nice,
It became painful.
At every touch,
The brains were lightning.

Ana Dediu – The Poetry of My Life

It was impossible,
The pain to subside
One night I hurt,
To sleep at all I couldn't.

I didn't move my tongue,
I couldn't swallow my saliva,
The pain was a sharp flash
Like a knife's blade.
And so I suffered as,
Being on the hot grill,
Again and again I pulled it,
And swing it.

Slowly I reprimanded it
And through the house passing,
Then I laid in the bed,
Maybe will let me sleep.

It is night and dark
And I cannot do anything.
And laying I was thinking,
Maybe I fell asleep.
And when I'll wake up
With it I will end.

When the morning came
The memorable tooth
It hurts
Even when I breathe.

Any vibration
It gives me the feeling
Of a sharp pain
Just in my brain felt.
I grabbed it, pulling with power.

Ana Dediu – The Poetry of My Life

In pain,
I remember
That my mother pulled
One tooth with a thread,
And it came out in a minute.
Nothing! It got out,
And did not moved at all.

I take a handkerchief
And silly,
Pull it strongly
But does not come out.

April 4, 1968 – Virgil and Ana Dediu with gradndson Ovidiu Dediu

Crackles, scrunches
Grinds, crackles,
The blood starts,
But it doesn't give in.
But I shook it,
And I twisted it
It hurts terribly,
But I pull on it terribly.

Ana Dediu – The Poetry of My Life

I'm weird,
And uncanny,
With the last tooth,
And I have no words
To insult it,
To get rid of it,
Such a wicked one,
And pull on it stronger.

Finally it gave up,
The pain ended
I feel that the place is empty
I feel a chill.
I'm lonely,
Very furious,
And desolate,
And devastated.

But it's finished
I eradicate,
And I removed it.
But I didn't throw it.

And I'm sad,
I sit and meditate,
Today I celebrate,
I cannot believe
Last tooth pulling out
Just when I fulfilled
76 years of life.

Alone it remained
And it helped
Faithful
Although hideous.
June 30, 1988

Ana Dediu – The Poetry of My Life

Ultimul meu dinte

Sunt acuma la Galaţi
Să-mi petrec anii întristaţi.
Fug de singurătate,
Fug de moarte.

Fug de toate,
Dar nu se poate,
Gândurile să-mi părăsesc,
Pretudindeni mă găsesc.

Dar linişte nu am avut,
Că un dinte m-a durut.
Ultimul dinte bătrân,
Pe toată gura stăpân.

Dentistul l-a plasat în proteză,
S-o ţie-n loc, s-o fixeze.
Era aşa ca un ţăruş,
Se hâţâna acuş-acuş.

Eu ştiam că o să iasă,
Dar dentistului ce-i pasă.
Pe lângă tânăra dantură,
El este o pocitură.

O rămăşiţă hidoasă,
Galbenă şi urâcioasă,
A-nceput apoi să crească,
Placa de sus s-o ciocnească.

După ce că nu-i frumos,
A devenit dureros.
La orice atingere,
În creier erau fulgere.

Ana Dediu – The Poetry of My Life

Era nemaipomenit,
Durerea de potolit
Într-o noapte m-a durut,
Să dorm deloc n-am putut.

Limba nu o mai mișcam,
Saliva n-o mai înghițeam,
Mă fulgera ascuțit,
Ca un tăiș de cuțit.
Și așa m-am vînzolit,
Și așa m-am perpelit,
Tot mereu îl crăcănam,
Il hâțânam.

Încetișor îl ocăram,
Și prin casă mă plimbam,
Apoi în pat mă suiam,
Să-mi treacă mai așteptam.

Că noaptea e întuneric
Și nu pot face nimic.
Mă culc iar și mă gândesc,
Poate ațipesc.

Și cum mă trezesc
Cu el să sfârșesc…

Când s-a făcut lumină
Dintele de pomină
Mă doare
Și la răsuflare.

Ana Dediu – The Poetry of My Life

Orice vibraţie
Îmi dă senzaţie
De durere ascuţită
Tocmai-n creier simţită.
Il apuc, trag cu putere.
De durere,
Mi-aduc aminte
Că mama un dinte
Cu aţa l-a legat
Şi l-a scos pe dat.
Degeaba! A scăpat,
Şi deloc nu s-a mişcat.
Iau eu o batistă
Şi înnebunită,
Trag de el vârtos
Dar nu se lasă scos.
Trosneşte, trosneşte
Pârâie, trosneşte,
Sângele porneşte,
El se-mpotriveşte.
Dar eu îl smucesc,
Şi îl răsucesc,
Mă doare amarnic,
Dar eu îl trag straşnic.
Sunt tare ciudoasă,
Şi chiar sunt câinoasă,
Cu ultimul dinte,
Şi nu am cuvinte
Ca să-l ocărăsc,
Să mă descotorosesc,
De-un aşa netrebnic,
Şi îl trag puternic.

Ana Dediu – The Poetry of My Life

In fine-a cedat,
Durerea mi-a stat,
Simt că-i locul gol,
Mă prinde-un fior.

Sunt însingurată,
Tare mâniată,
Şi nemângâiată,
Şi îndurerată.

Dar s-a terminat
L-am exterminat,
Şi l-am extirpat.
Dar nu l-am aruncat.

Şi mă întristez,
Stau şi meditez,
Că azi aniversez,
Nu-mi vine să cred(z)
Ultimul dinte scoteam
Tocmai când eu împlineam
Ani 76.

El singur rămase
Şi m-ajutase
Credincios
Deşi hidos.

30 Iunie 1988

Ana Dediu – The Poetry of My Life

Spring

To lose my eyes again through the apple blossoms,
And to lay my front head on the plain's cradle,
The wind mysteriously passes through my thoughts and hair
And in the grass to let my shadow under the star of eternity.

To hear how the lark ascends its song,
To support my dream and longing again of a star
With the call of ages to hear the Earth whispering
So where were you, my sole is stepping now.

Reborn the mountains, pine forests by alpenhorns,
Singing unquenched pain, ancient ballads,
With overheads of rocks of ages through today
Ensure the crib of life and parental longings.

In flight traveling by sight as in the swarm of butterflies
To break from my mind the wing of time heavy as the lead.
And in the spring's chaos with magic beginnings,
To hear singing grandchildren through rows of corn.

And like a holy book under my pillow
Love, beauty, faith and memory
With everything I have in my heart only you remained for me
Remembering is my fate in this world, and immortality.

Ana Dediu – The Poetry of My Life

Primăvara

Să-mi pierd iarăşi privirea prin florile de măr,
Iar fruntea să mi-o plec pe leagănul câmpiei,
Vântul să-mi treacă tainic prin gânduri şi prin păr
Şi-n iarbă să-mi las umbra sub steaua veşniciei.

S-ascult cum ciocârlia în zări şi-nalţă cântul,
Să-mi reazăm iarăşi visul şi dorul de o stea
Cu freamătul de veacuri, s-aud şoptind pământul,
Pe unde-aţi fost voi, mai călca talpa mea.

Renască munţii, codrii prin tulnice de brazi,
Cântând nestinse dureri, balade strămoşeşti,
Cu frunţi de stânci prin zarea ce din vecii şi azi
Veghează vatra vieţii şi doruri părinteşti.

În zbor călătorind prin zări ca-n roi de fluturi
Să frâng aripa vremii din cuget ca de plumb.
Şi-n haosul primăverii cu magice-nceputuri,
S-aud cântând nepoţii prin file de porumb.

Şi ca pe-o carte sfântă s-aştern sub căpătâi
Iubirea, frumuseţea, credinţa şi-amintirea
Cu tot ce am în suflet doar tu îmi mai rămâi
Amintirea-mi este-n lume soarta şi nemurirea..

Ana Dediu – The Poetry of My Life

In Bucegi

Above the Ocean is night,
The flashing engine is such a star,
I hear my struggling heart,
Fear surrounds me like a wall.

Running the marathon with the clouds
As lightning I feel my excitements.
O! God make silent these crickets,
Who drill in my ears and brains.

Drumming deafening the ear
This monotonous matchless
Stop the advancing glaciers,
I feel how our passing block.

August 1955 – Virgil Dediu with son
Mihai Dediu at Govora

În Bucegi

De-asupra Oceanului noaptea,
Motorul clipește așa ca o stea,
Îmi aud cum se zbate inima,
Mă înconjoară ca un zid spaima.

Alergând în maraton cu norii
Ca fulgerele-mi trec fiorii.
O! Doamne fă să tacă odată greierii,
Ce-mi sfredelesc urechile, creierii.

Țârâind asurzitor în ureche,
Acest monoton fără pereche
Oprește ghețarii ce înaintează,
Parcă trecerea noastră blochează.

*1957 – Virgil Dediu and son Mihai in
The Bucegi Mountains*

Ana Dediu – The Poetry of My Life

In laws

To St. Constantine Street,
From time to time I come
But the shutters are down
Whether day or night.

1969: Ana Dediu (Pupa Ana, left) and Ecaterina Gheonea (Pupa Dida, right) with grondsons Ovidiu and Horațiu Dediu

Like heavy eyelids,
They cover
My sad eyes,
Stopping to see you.

Ana Dediu – The Poetry of My Life

Up there are spiders' webs
They stealthily weaved;
The window did not move,
And it was comfortable.

In the mailbox
I look often.
But it is still empty
As my heart.

Few stairs I climb,
Check on the doorknob,
And I see that everything is locked
As you careful left.

The loneliness gives me goose bumps,
And step down on the stairs outside
I'm feeling somehow despised,
Abandoned by all.

I enter Cişmigiu
But it smells desert,
And I start to weep
Feeling my solitude.

There is an eternal truth:
If you have maternal feelings
You forget the rest of the world,
And this has been proved by me.

Last year I was with you all

Ana Dediu – The Poetry of My Life

And had a lot of fun.
Now, I find that on Earth
Everything is gone.

June 26, 1983

May 10, 1966: Mihai and Sofia Dediu

Ana Dediu – The Poetry of My Life

Cuscra

Şi în Sfântul Constantin,
Din când în când mai vin
Dar obloanele-s lăsate
Fie zi sau noapte.
Ca niste pleoape grele,
Ele-au acoperit,
Triste privirile mele,
Să nu te fi zărit.

Colo sus păinjeniş
S-a ţesut pe furiş,
Că geamul nu s-a clintit,
Şi nu l-a stingherit.

În cutia de scrisori
Mă uit adeseori.
Dar tot goală este ea
Precum inima mea.

Puţinele scări le sui,
Mâna pe clanţă pui,
Şi văd că tot e încuiată,
Aşa cum ai lăsat.

Singurătatea mă-nfioară,
Şi fug pe scări afară,
Mă simt tare urgisită,
De toţi parasite.

Mă abat prin Cişmigiu,
Dar miroase a pustiu,
Şi m-apucă aşa un plâns
De singură ce îs.
Că este-un adevăr etern,

Ana Dediu – The Poetry of My Life

Dacă ai simț matern
De restul lumii ai uitat,
Eu am verificat.

Că anul trecut eram
Cu voi și mă distram
Mi se pare că pe pământ
Totul a dispărut.
26 Iunie 1983

November 4, 1973 – from left: Sophia Dediu, grandmother Ecaterina Gheonea, Horațiu, grandfather Virgil, Ovidiu(7 years old) and grandmother Ana Dediu (right).

To Virgil

In the years spent towering,
United in thought and in stride
My love, do not be sad.

November 3rd 1968 – Virgil Dediu with grandsons Ovidiu (2 years old, left) and Horațiu Dediu

Ana Dediu – The Poetry of My Life

Aging is not a trouble.
And your soul pure calories
Robust and gentle in his home beautiful
Tried hard in late hours;
High up in the cool night
Leave and forget the cruel diabetes.

Leave it behind, do not forget,
So don't be lackadaisical, come.

Hand in hand we will submit,
Looked to be evil and fog moments
For better, happiness, high flight,
Send you're thought as you're alive,
And nerves hydra with thousands of mouths you assault.

I can hear you chased splits
Nothing hurts, but pure desires
Your heart is good and without suffering.

But know that in my life
I have as Gods
Just your lovingly face
And love
A man at good and bad.

Lui Virgil

La anii falnici petrecuți,
Uniți în gând și-n pas,
Iubitule, să nu te-ncrunți

*1982 - Virgil Dediu and the squirrel on the tree,
in Lakewood, Ohio*

Vîrsta nu-i un necaz.
Iar sufletul tău pur în calorii,
Robust și bând, în casa lui frumoasă,
Greu încercat, în orele târzii;
Inalță-te, în noaptea răcoroasă
Lasă și uită diabetul hain.

Lasă-l în urmă, nu te mai uita,
Atât de galeș nu mai fi, hai vin;

Mână în mână noi vom înainta,

Ana Dediu – The Poetry of My Life

Uitat să fie răul şi clipele de ceaţă
La bine, fericire, la zborul mai înalt,
Trimite gândul tău, cât mai eşti în viaţă,
Iar nervii hidră cu mii de guri te-asalt.

Aud cum se destramă de tine fugăriţi
Nimic nu te mai doare, ci în puri dorinţi
Inima ta bună-i, fără suferinţi.

Dar să ştii că în viaţa mea
Eu n-am Dumnezău
Decât numai chipul tău
Iubit şi dragostea
Un om la bine şi rău.

1982 – from left: Ovidiu, Virgil, Horaţiu, Ana and Mihai Dediu (right) at NASA, Cape Canaveral, Florida

Ana Dediu – The Poetry of My Life

In front of your home

In front of your empty house
Often we passed,
That it was to be,
As we have lost you.

I always we'll look for you,
But you can't be found,
And I'll always ask,
Why have you deserted me?

And I sleep with you in thoughts,
Perhaps I'll dream of you,
And then I wake up crying
That you didn't show up.

But I'm kind of satisfied,
That you can't see me,
How I became old and ugly
How it went my life.

That elders are abominable,
When they cannot walk,
When they're powerless,
And cannot take care of selves.

For that you should be happy,
That you cannot see,
How the parents wither,
How battle the death!

Ana Dediu – The Poetry of My Life

Pe lângă casa ta

Pe lângă casa ta pustie
Adesea am trecut,
Că aşa a fost să fie,
Ca să te fi pierdut.

Eu mereu te-oi căuta,
Dar nu eşti de găsit,
Şi mereu m-oi întreba,
Dece m-ai părăsit?

Şi mă culc cu tine-n gînd,
Poate că te visez,
Ş-apoi mă trezesc plângând,
Că tu nu te arăţi.

Dar parcă sunt mulţumită,
Că nu mă poţi vedea,
Cât m-am făcut de urâtă,
Cum trece viaţa mea.

Că bătrânii sunt urâcioşi,
Când nu mai pot umbla,
Când devin neputincioşi,
Şi nu se pot purta.

De-aceia vă fericesc,
Că nu puteţi vedea,
Cum părinţii se ofilesc,
Cum se luptă cu moartea.

Ana Dediu – The Poetry of My Life

Vasile's pretentions

Your father's pretentions were:
The bridegrooms will not smoke, will not drink.
But he said nothing about the girls
They can smoke, and get drunk?

Pupa Ana Dediu, June 1983

Pretenție (Vasile)

Tatăl vostru o pretenție avea
Ginerii, să nu fumeze, să nu bea.
Dar n-a zis nimic de … fete
Ele pot să fumeze, să …se-nbete!

Pupa Ana Dediu, Iunie 1983

La crâşmuţa din şuşa

La crâşmuţa din şuşa
I-auzi, i-auzi ia;
Be naşu cu hină-sa:
Ie hinuţă, ie şi be,
Că disară eşti a me!
Naşule n-o hi păcat
Sî ti culşi cu hina-n pat?
Nu hinuţă nu-i păcat
Cî-i hinu mobilizat.

*January 8, 1968 – Mihai Condurache
(83, father of Ana) – Bucharest*

Pub in Heaven

Once St. Nicolas
Opened a pub in Heaven.

Hey, Hey wine is sweet,
Who drinks it does not want to go!

Matthew the Evangelist
Was put to guard the new wine.

Hey, Hey wine is sweet,
Who drinks it does not want to go!

St. Anne as a mother
Hold the key from the cellar.

Hey, Hey wine is sweet,
Who drink it does not go!

Alexandra the martyr
Drinks the wine with the jug.

Hey, Hey wine is sweet,
Who drinks it does not want to go!

Ana Dediu – The Poetry of My Life

Crâşma din rai

Cândva Sfântul Neculai
A deschis o crâşmă-n rai.

Hei, Hei vinu-i dulce,
Cine-l bea nu se mai duce!

Pe Matei Evanghelistul
L-au pus să păzească mustul.

Hei, Hei vinu-i dulce,
Cine-l bea nu se mai duce!

Sfânta Ana ca o mama
Ține cheia dela cramă.

Hey, Hey wines are sweet,
Who drinks it does not want to go!

Alexandra mucenica
Bea vinutot cu ulcica.

Hei, Hei vinu-i dulce,
Cine-l bea nu se mai duce!

Anniversary

At your wedding anniversary
Now, a few lines:
To let you know that I'm coming
To your silver wedding
Lovingly to congratulate you.

And as old as I'll be,
Do not take heed,
I will not fire a sprung,
But I'll wish you luck
From the heart of a mother.

And at the nephews' wedding
To come Pupa Ana
And slowly Bubu
To embrace your head
As he always did.

Mom, July 22, 1973

Ana Dediu – The Poetry of My Life

Aniversare

L-aniversarea nunții voastre
Acum câteva rânduri:
Şi ca să știți că am să vin
La nunta voastră de argint
Cu drag să vă felicit.

Şi-aşa bătrână cum voi fi,
Să nu băgați de seamă,
Că n-am să mă-nvârtesc cu foc,
Dar am să vă urez noroc
Din inimă de mama.

Iar la nunta nepoților
Să vie Pupa Ana
Şi cu Bubu încetişor
Să-i mângâie pe căpușor
Cum facea întotdeauna.

Mama, 22 Iulie 1973

August 25, 1969 Mihai and Sophia Dediu with sons Horațiu and Ovidiu

Chapter 4: Grandparents

Grandparents

We were the grandparents
With two tiny grandchildren!
There were small grandchildren
No happier ... grandparents!

June 25, 1968 – Grandparents Ana (left) and Virgil Dediu with Ovidiu (right), Horațiu and Sofia Dediu

Bunicii

Noi eram bunicii cei
Cu doi micuți nepotei!
Nu erau nepoți mai mici
Nici mai fericiți... bunici!

February 23, 1969 – Ana Dediu, Ovidiu (right) and Horațiu Dediu, taking his first steps at one year without two days

Ana Dediu – The Poetry of My Life

Mara

I take Mara's hand,
And I walk with her every evening.
Her hand is very warm
That's why I really love her,
We are in love,
And really very happy!

Mara

O ieu de mână pe Mara,
Şi mă plimb în toată sara.
Mâna ei îi tare caldă,
De asta mi-i tare dragă,
Că suntem îndrăgostiţi,
Şi nespus de fericiţi.

Ana Dediu – The Poetry of My Life

At our little house

At the white house are so many flowers in the windows
But the most beautiful flower, which appears to me you are.
In vain I wait for your reply
Just to look at me I would be satisfied.

La căsuţa noastră

La căsuţa alba sunt atâtea flori la fereşti
Dar ce-a mai frumoasă floare, ce-mi apare tu eşti.
În zadar aştept al tău răspuns
Doar să mă priveşti mi-ar fi de-ajuns.

April 1972 Mihai and Sofia Dediu – Drumul Sării

Ana Dediu – The Poetry of My Life

Our nest of love

To make you my wife
I lived a life of misfortune
And I had to fight the world.
As a carnation in a pot
Our love blossomed
But you darling left me.

Out house
Our little nest of memories
Waits for your return.
Our house
Where we first kissed
Cries, cries incessantly.

Cuibușor de iubire

Ca să mi te fac nevastă
Am dus viață de năpastă
Și cu lumea m-am certat.
Ca o garofiță-n glastră
Înflorea iubirea noastră
Dar tu mândro ai plecat.

Căsuța noastră
Cuibișor de amintiri
Te așteaptă ca să vii
Căsuța noastră
Unde-ntâi ne-am sărutat
Plânge, plânge ne-ncetat.

Ana Dediu – The Poetry of My Life

Let's go Ileana to the meadow

    Let's go Ileana to the meadow
    Ileana, Ileana.
    Let's dig a weed
    Ileana, Ileana;
    The weed of poppy
    Ileana, Ileana;
    Let's give it to your husband
    Ileana, Ileana;
    When he went to sleep
    Ileana, Ileana;
    Until it be sun-up
    Ileana, Ileana;
    Heavy sleep and sleep
    Ileana, Ileana;
    So why did I wake up I
    Ileana, Ileana;
    So I can get satisfied
    Ileana, Ileana;
    Of your sweet lips,
    Ileana, Ileana.

Ana Dediu – The Poetry of My Life

Hai Ileană la poiană

Hai Ileană la poiană
Ileană, Ileană.
Să săpăm o buruiană
Ileană, Ileană;
Buruiana macului
Ileană, Ileană;
Să o dăm bărbatului
Ileană, Ileană;
Ca să doarmă somnul dus
Ileană, Ileană;
Pân-ce soarele-o fi sus
Ileană, Ileană;
Și să doarmă somnul greu
Ileană, Ileană;
Până ce l-oi trezi eu
Ileană, Ileană;
Până ce m-oi sătura
Ileană, Ileană;
De dulcea gurița ta
Ileană, Ileană.

Ana Dediu – The Poetry of My Life

Where are you spring?

Where are you, spring?
You left so soon,
And the cherry blossoms
You shook.

O! I waited for you a lot
Spring, my dear,
To bring in my arms
Once again my love.

You say to you good morning,
And I welcome you back
You brought life
In everything around.

And in the temple of old age
All the people wanted you.
They passed their first youth
But they still are in love.

Come and get drunk
From the scent of flowers,
And we all should sing a song.
Thanking to the doers.

Oh, how beautiful is
When the glittery sky
It's so majestic
That beats any palace.

Ana Dediu – The Poetry of My Life

Primăvară unde eşti?

Primăvară unde eşti?
Aşa repede-ai plecat,
Şi florile de cireş
Toate mi le-ai scuturat.

O! De-ai şti de când te-aştept
Primăvară, draga mea,
Ca s-aduci în al meu piept
Înc-odată dragostea.

Îţi zic bună dimineaţa,
Şi-ţi urez bine-ai venit,
Odată cu tine viaţa
În toate a revenit.

Şi în Templul Senectuţii
Toţi oamenii te doresc.
S-au dus anii tinereţii
Dar ei tot se mai iubesc.

Veniţi şi vă îmbătaţi
Cu mireasma florilor,
Şi cu toţii să cântaţi
Slavă făcătorilor.

O, cât este de frumos
Când cerul înstelat
E atât de maiestos
Că întrece-orice palat.

Ana Dediu – The Poetry of My Life

I will not see you again

I will not see you again,
I will not hear you,
You who have been my life
Hour by hour, every day.

From now on I will not see you again,
I will not meet you again,
But I will still hope
That you'll come back.

From now on I will not see you again,
And you'll never smile
You'll not call me again
But I will still love you.

From now on I will not see you again,
Until I will die,
But I will still wait for you
Hour by hour, every day.

You caught the traveling bug,
When I never thought,
When you weren't young
And we were quite old.

But this did not stop you,
And it didn't cross your mind.
And in exile you went
And left us alone.

Ana Dediu – The Poetry of My Life

We had in mind for you
Only happiness
And you didn't think at all
What life your parents will have.

Their lives of torment and longing
You do not remember,
And you seem cold
From far away.

A mother most devastated
Than me does not exists.
The longing that bothers me
No one cares.

Who can understand
How I miss you and ache,
That in this world wide
I have nowhere to go.

From now on I will not see you again,
And I will not speak to you,
But you cannot prevent me
To love you forever.

September 10, 1979

Ana Dediu – The Poetry of My Life

De-acum eu nu te-oi mai vedea

De-acum eu nu te-oi mai vedea,
Nu te-oi mai auzi,
Tu ce ai fost viaţa mea
Ceas de ceas zi de zi.

De-acum eu nu te-oi mai vedea,
Nu te-oi mai întîlni,
Dar eu tot voi mai spera
Că poate vei veni.

De-acum eu nu te-oi mai vedea,
Şi nu-mi vei mai zâmbi,
La tine nu mă vei chema
Dar eu tot te-oi iubi.

De-acum eu nu te-oi mai vedea,
Până mă voi sfârşi,
Dar eu tot te-oi aştepta
Ceas de ceas, zi de zi.

Te-ai molipsit de pribegie,
Când nici nu gândeam,
La o vârstă cam tîrzie
Când noi bătrâni eram.

Dar asta nu te-a-npiedicat,
Nu ţi-a dat de gândit,
Şi voluntar te-ai exilat
De tot ne-ai părăsit.

Ana Dediu – The Poetry of My Life

Căci am avut numai în faţă
Doar fericirea ta,
Şi nu te-ai gândit ce viaţă
Părinţii vor avea.

De viaţa lor de chin şi dor
Tu nu-ţi mai aminteşti,
Şi îi priveşti nepăsător
Din depărtări lumeşti.

O mama mai nenorocită
Ca mine alta nu-i,
De dorul ce mă frământă
Nu-i pasă nimănui.

Căci cine poate să-nţeleagă
Cum de dor mă usuc,
Că în lumea asta largă
N-am unde să mă duc.

De-acum nu te-oi mai vedea,
Şi nici nu-ţi voi vorbi,
Dar nu mă poţi împiedica
În veci a te iubi.

10 Septembrie 1979

Ana Dediu – The Poetry of My Life

Who am I?

I'm an old Wallachian
I was the poorest student,
I am a great grandmother,
I was the fortunate student.

It liked to learn and I learned a lot.
I endured terrible hunger and shoeless,
I was barefoot at home, and in the village,
Dressed in homemade clothed.

We were a lot of children – 14; it was like a pack,
Eternally hungry and naked.
Only with eyes on the ground I walked,
Continuously thinking, nothing I could see.

Seeing boys or going to dances?
Those dreams were shattered forever!
But the life has long smoldered in me
Until Virgil found me, and woke me up.

April 2, 1945 – Virgil and Ana Dediu with son Mihai

Ana Dediu – The Poetry of My Life

And a great love as a flame of fire,
I was engulfed almost instantly.
We loved each other much, we were young students,
We got married, maybe you cannot believe it.

1948 -Ana Dediu and son Mihai – at the Archives yard, Bucharest

And I was such a good wife,
And Virgil led me from there on.
And I became a mother, sublime feeling,
Which didn't leave me ever.

And we became in time grandparents,
And we were rich, not some ordinary.
We both worked day and night,
And the child alone was studying.

Ana Dediu – The Poetry of My Life

July 23, 1967 – Ana Dediu and grandson Ovidiu Dediu

Virgil kept the money and was quite strict,
For every penny account required.
And so we arrived to be able
To buy two huge apartments.

July 23, 1967 – Virgil Dediu and grandson Ovidiu Dediu

Ana Dediu – The Poetry of My Life

After Michael with his family left us
Virgil the wise one became stingy.
All the money were kept in the bank
Where the amount enormously increased.

But all of a sudden his love for the money
Disappeared, his stingy feelings were lost!
And so the time has come for me to decide.
I had freedom, money; but I felt lost.

But I found myself and I thought
To buy myself a car. And I bought.
To buy a car as a retired
It's unbelievable, and it's very rare.

But he who endures and saves from the young age
Becomes self-sufficient at the old age.

Pupa Ana, May 22, 1987

Ana Dediu – The Poetry of My Life

Cine sunt?

Sunt o bătrână Valahă,
Fost-am eleva cea mai săracă,
Sunt și o grozavă bunică,
Fost-am studenta cea mai calică.

Mi-a fost drag să învăț și am învățat.
Răbdat-am cumplit de foame și de-ncălțat,
Umblam cu picioarele goale acasă, prin sat,
Rochii făcute de mine am îmbrăcat.

Eram o mulțime – 14 copii, eram ca o gloată,
Veșnic flămândă și dezbrăcată.
Numai cu ochii în pământ umblam,
Muncită de gânduri, nimic nu vedeam.

1949: From left up: Melu, Vasile and his wife Gica
From left down: Matei, Sonia, Ana Dediu, Mihai
Condurache, Adela, Mihai Dediu with his grandmother
Ioana Condurache, M'am Ileana (sister of Ioana
Condurache) and her children (right up and down)

Ana Dediu – The Poetry of My Life

Să mă uit la băieți, să mă duc la serate?
Astea erau vise pe veci spulberate!
Totuși viața în mine mult timp a mocnit
Pîn-ce Virgil m-a găsit, m-a trezit.

Și-o dragoste mare, ca para de foc,
M-a cuprins așa aproape pe loc.
Ne-am iubit mult, eram tineri studenți,
Ne-am căsătorit, uite poate nu credeți.

Și-am fost o soție așa de cuminte,
Virgil m-a condus de aici înainte.
Și-am devenit mamă, sublim sentiment,
Ce nu m-a părăsit un singur minut.

Și am devenit cu timpul bunici,
Și eram bogați, nu niște calici.
Munceam amândoi și ziua și noaptea,
Copilul singur se muncea cu cartea.

Virgil ținea banii și îi chibzuia,
De fiece ban socoteală cerea
Și așa am ajuns de am cumpărat
Două apartamente ce-s cât un palat.

După ce Mihai cu-a lui ne-a părăsit
Virgil din chibzuit s-a făcut zgârcit.
Banii toți la bancă el îi depunea
Unde se-adunau și suma creștea.
Dar așa de-odată el n-a mai simțit
Dragostea de bani, n-a mai fost zgârcit!
Și-a venit timpul ca eu să decid.
Aveam libertate, bani; dar m-am fâstâcit.

Ana Dediu – The Poetry of My Life

July 23, 1967 – Ana and Virgil Dediu with their grandson Ovidiu

Ana Dediu – The Poetry of My Life

1982, Cleveland, Ohio, USA: from left: Mihai, Horatiu, Sofia, Ana Dediu, Ovidiu and Virgil Dediu

>Dar m-am regăsit și am calculat
>Ca să-mi iau mașină. Și mi-am cumpărat.
>Să-ți cumperi mașină ca pensionar
>E de necrezut, și e foarte rar.
>
>Dar cine rabdă și strânge la tinerețe
>E lipsit de lipsuri la adânci bătrânețe
>
>>Pupa Ana
>>22 Mai 1987

Ana Dediu – The Poetry of My Life

The postcard

And I received a postcard,
How nothing in the world exists,
How I did not receive ever,
From my son!

It's full of feelings
To his elderly parents
And has holy words
Used also by our ancestors.

And you wrote on the illustrated
Finely with your pen:
"Sweet mother, dear father"
With fiery letters.

My froze soul worms up
From them
And always I re-read them;
How long I waited for them.

From childhood,
You inherited
The sweet flower of tenderness
Which is blooming now.

And having a lot of light
It developed well,
And your soul in garden
It turned out to be.

In your garden also grows
A crystal flower,
Which in the world is
Increasingly rare.

Ana Dediu – The Poetry of My Life

It's called gratitude,
And it has a serious air,
Which from your good behavior
Shoots a sweet fragrance.

In the splendid postcard
A great title I get
And then "With all my love"
Mihai, sign your name.

The wonderful illustrate
Made us very happy
Even if is a small area
It's very big in content.

Mother, November 11, 1979
Sent to Michael on November 11, 1979

February 5, 1969 Mihai Dediu and son Ovidiu
reading a children's book

Ilustrata

Și-am primit o ilustrată,
Cum alta-n lume nu-i,
Cum n-am primit nici odată,
Din partea fiului!

E plină de simțăminte
Pentru ai lui bătrâni,
Și are cuvinte sfinte
Păstrate din străbuni.

Și-ai scris pe ilustrată
Mărunt cu al tău toc:
"Scumpă mamă, dragă tată"
Cu litere de foc.

La ele îmi încălzesc
Sufletul înghețat
Și mereu le recitesc,
Ce mult le-am așteptat.

Din anii copilăriei,
În tin-a răsărit
Dulcea floare a gingășiei
Ce-acum a înflorit.

Și având multă lumină
Bine s-a dezvoltat,
Și sufletul în grădină
Ea ți-a transformat.

Ana Dediu – The Poetry of My Life

În grădina ta mai creşte
O floare de cleştar,
Ce în lume se găseşte
Din ce în ce mai rar.

Se cheamă recunoştinţă,
Şi are-un aer grav,
Că din buna cuviinţă
Trage parfum suav.

În splendida ilustrată
Un titlu mare-mi dau
Ş-apoi cu "dragostea toată"
Te iscăleşti Mihai.

Minunata ilustrată
Plăcere ne-a făcut
Dacă-i nu ca-n suprafaţă
E mare-n conţinut.

Mama, 11 Noiembrie 1979
Trimisă lui Mihai la 13 Noienbrie 1979

Ana Dediu – The Poetry of My Life

The promise

If the forgetfulness would want to set
We will not let it among us;
I dream to see you again this winter,
To bring the summer you back to you.

The snow to fall on us a lot;
Let's play with the snow of age,
And to smell of eternity
Our full come back.

My love for you is like the plague,
Incurable at any price.
I wish to send one day in the backyard with the meadow
In the last season of my short life.

The oblivious between us is not allowed,
We give it at any fair for nothing,
I feel so much tenderness in you,
I have no words to say.

And if there is no place for me,
Or if you feel that it is too late
Accept that in the coming winter
Snowman under the maple tree to be!

Close your eyes and look ahead,
Will snow endless as at the polar,
And we will not have time to die,
Only for memories and love.

Ana Dediu – The Poetry of My Life

When a big snow will settle
Lakewood unrepeatable, to be,
You the winter holidays tree
To the New Year at home, for children, be.

Hurrying the whole time with my heart,
Cannot wait to please allow caroling
In Lakewood,
The old singers that love you.

January 10, 1983

February 23, 1969, Balta Albă, Bucharest: from left: Grandparents Ecaterina Gheonea, Ana and Virgil Dediu with Horațiu (almost one year old), Mihai, Aurel (brother of Virgil) with Ovidiu, and Puica (Aurel's wife).

Ana Dediu – The Poetry of My Life

Făgăduinţa

Uitarea de-ar voi să se aştearnă
N-o vom lăsa să intre între noi;
Visez că ne vedem din nou la iarnă,
Să vă aducem vara înapoi.

Să cadă peste noi zăpezi bogate,
Să ne jucăm de-a vârsta cu omăt,
Şi să miroase a eternitate
Întreaga noastră-ntoarcere-ndărăt.

Iubirea pentru voi îmi e ca rana,
Nevindecabilă cu nici un preţ.
Aş vrea o zi în curtea ca poiana
Din ultimul sezon al scurtei vieţi.

Uitarea între noi nu are voie,
O dăm la orice târg pentru nimic,
Atîta duioşie simt că-n voi e,
Că nu mai ştiu ce vorbe să mai zic.

Şi dacă n-o să fie loc de mine,
Sau dacă veţi simţi că e tîrziu
Accept şi-atît, în iarna care vine
Om de zăpadă sub arţar să fiu!

Închideţi ochii şi priviţi deprte,
Va ninge ca la poli fără sfîrşit,
Şi nu vom avea vreme pentru moarte,
Ci doar de amintiri şi de iubit.

Ana Dediu – The Poetry of My Life

Când marile zăpezi o să se-aştearnă
Lackwood irepetabil, să ne fii,
Tu bradul sărbătorilor de iarnă
Către an nou în casă la copii.

Întregul timp cu inima grăbindu-l,
Abia aştept să te rugăm firesc,
Lackwoodule primeşte cu colindul
Bătrâni colindători ce te iubesc.

10 Ianuarie 1983

8 January 1969, Balta Albă, Bucharest:
Mihai Condurache with his great-grandsons
Ovidiu (down) and Horaţiu, with his mother
Sofia Dediu.

Ana Dediu – The Poetry of My Life

Between us

I leave, my chest is hurting, and I don't see you,
We split up as the sun and the moon;
And only now I feel how much I love you,
When I lose you again forever.

And my wounds will always hurt,
For my life is a late autumn,
Even when we will not see again,
And my hand cannot write anymore.

And sudden the world water swallowed all of you,
And I have in my heart an endless desert,
Gesturing toward minus infinity,
About you now nothing I will know!

What you were saying and what I said,
There were two chilly foreign languages,
No way could understand each other,
And you were more foreign to me.

When everything happens naturally
We were talking just a language, only one,
And now when I still love you more
I feel that I have lost you forever!

Ana Dediu – The Poetry of My Life

The Ocean is between you and me,
And I think there's no turning back,
Nothing divides and no one,
Will remain forever "We".

Lost in the multitude of waters,
Does not pierce any echo,
Will come soon to bury you deep,
The New Year's snow!

Bucharest, January 8, 1983

February 23, 1969, Balta Albă, Bucharest: from left: Grandmothers Ecaterina Gheonea and Ana Dediu, Horațiu (almost one year old), Aurel Dediu (brother of Virgil), Mihai, Puica (Aurel's wife), Ovidiu and his mother Sofia.

Ana Dediu – The Poetry of My Life

Intre noi

Rănită-n piept plec, nu vă mai zăresc,
Ne despărţim ca soarele şi luna;
Şi-abia acum simt eu cât vă iubesc,
Când vă pierd din ochi pe totdeauna.

Şi rănile mereu mă vor durea,
Căci toamna vieţii mele e târzie,
Nici când nu ne vom mai vedea,
Şi mâna mea nu va putea scrie.

De-odată apa lumii pe toţi v-a înghiţit,
Şi am în inimă un nesfârşit pustiu,
Gesticulând spre minus infinit,
De voi nimic de-acum n-am să mai ştiu!

De-odată ce spuneaţi voi şi eu ce spuneam,
Erau două-ngheţate limbi străine,
Nici cum noi nu ne-nţelegeam,
Şi voi tot mai străini eraţi de mine.

Atunci când totul se-ntâmpla firesc,
Vorbeam doar o limbă, numai una,
Şi-acum când eu tot mai mult vă iubesc
Simt că v-am pierdut pentru totdeauna!

Oceanu-i între voi şi între mine,
Şi cred că nu e cale înapoi,
Nimica nu ne desparte şi nimeni,
Rămânem de-apururea „Noi".

Ana Dediu – The Poetry of My Life

Pierduți în noianul de ape,
Nu mai răzbate nici un ecou,
Veni-vor adânc să vă-ngroape,
Ninsorile Anului Nou!

București, 8 Ianuarie 1983

February 5, 1969 – Brothers Ovidiu and Horațiu Dediu

Ana Dediu – The Poetry of My Life

The rooster

It was once, in a summer
When we went and our countryside,
Costeşti near Vaslui,
Up on the hill.
Around here its clean air,
The night sky is lit
For a myriad of stars,
Larger and smaller ones.
A sky like here at Costeşti
Cannot find anywhere!

Both of us had come
My in-laws on a New Moon.
The grandchildren were small,
Seemed like trifle!

And it was the crepuscule,
When we hear noise
Somewhere in the yard,
It started a great quarrel.
The cause of it? It was a rooster,
Dressed only in red,
His tail like a sickle,
The top as a comb,
And the scarlet beard
Looked to me as purple.
Ovidiu was seated still,
When all of a sudden the rooster
Jumped on his back,
And with the wings was beating him!
He screamed and wanted to run,
But the rooster grabs
His back and pinched him everywhere
Bruising him alive.

Ana Dediu – The Poetry of My Life

And Hoarţiu scared,
On the porch was hiding.
With the possessed rooster,
Was a serious matter.
"Oh! My darling,
But what happened to you?"
I said; I took it in my arms
To stop his cry.

Oh! This stupid rooster,
Don't you worry will make it soup!
The rooster flew on the fence,
And joyously gave a concert,
To hear a hen closed by,
How loud and how chaps it is.
I say
"Go now and play,
Don' worry, it will pass."
But just few steps he makes
And the rooster pretending
That down he nibbles,
The feathers in the air bursts,
It then comes quietly
And again jumps on the child!
Look again pinched the child
Turning his white skin blue!
Oh, Hope the cats will spit at you,
This is not in all its mind.
Go away! Diseased jerk!
The pot is waiting for you!
And I'll cut your neck with the hatchet,
On the grill you'll end up!

Horace in Pupa Dida's lap,
Shaking his naked body

Ana Dediu – The Poetry of My Life

Because now in the evening,
The Sun still spilled its hot rays.
He was crying for Ovidiu
It was like he was hurting.

Ovidiu! Come to your Pupa
And do what I'll teach you to do.
Take this big stick
And hide it behind you,
When the rooster comes to you,
You slap it with your stick,
And when it jumps at you
You hit it even harder.

Coca, Relu, Tudorel,
All encouraged him.
Pupa Dida and Tinca
Told him not to be afraid.
Even Melu encouraged him,
To be more manly!
And it was a battle!
We all were cheering up!
Do give in! Keep it up!
Go Ovidiu so!
He rotates with the stick
Aiming to the rooster
And suddenly punched it!
Put the stick down.
Bravo! Cried the mob all,
You won the fight right!
And the rooster gave in
He'd just seen crawling on the ground.
Poor rooster was a little sulking
Struggled a little bit, was shaken,
And put the tail on its back,

And it left in a big hurry.
Since then up to the time we left,
The rooster behave,
And it went to the hen,
To tell her softly:
I don't put my mind to him.
He is tiny and puny;
You know my dear chick,
That I'm not joking!

October, 8 1979

November 3, 1968 – Horațiu and Ovidiu Dediu
(2 years old), Balta Albă, Bucharest

Ana Dediu – The Poetry of My Life

Cocoşul

Şi-a fost cândva-ntr-o vară,
Când ne-am dus şi noi la ţară,
La Costeşti lângă Vaslui,
Sus pe culmea dealului.
Pe-aici îi aer curat,
Noaptea ceru-i luminat
De-o puzderie de stele,
Mai mari şi mai mititele.
Un cer c-aici la Costeşti,
Nicăieri nu mai găseşti!

Venisem noi amândouă
Cu cuscra, pe-o Lună Nouă.
Nepoţeii erau mici,
Păreau nişte gâgâlici!

Şi era pe la chindie,
Când auzim …gălăgie
Undeva pe în orgradă,
Se isacase-o mare sfadă.
Făptaşu? Era un cucoş,
Îmbrăcat numai în roş,
Coada-i parcă-o săcere,
Creasta - ca un cheptene,
Şi bărghia stacojie,
Parcă era purpurie.
Ovidiu sta liniştit,
Când de-odată a sărit
Cocoşul la el în spate,
Şi cu aripilel bate!
El ţipa s-o ia la fugă,
Dar cocoşul îl apucă
Pe la schinare cu ciocu
De-i învineţea tot locu.

Ana Dediu – The Poetry of My Life

Şi Hoarţiu spăriet,
Pe prispă s-o ogoet.
Cu cocoşu îndrăcit,
Nu era de şuguit.
Văleu săraca-n de mine,
Ci s-o întâmplat cu tine?
Zic eu; îl iau şi-l drăgănesc,
Plânsul să il potolesc

Bată-l focu de cucoş,
Lasă c-o să-l facem borş!
Pe gard cocoşu-o zburat,
Ba i-a tras şi un cântat,
Să-l aud-o găinuşă,
Câtâ-i el de tare-n guşă.
Zic:
Du-te-acuma şi te joacă,
Nu-i nimica, o să-ţi treacă.
Dar numai câţiva paşi face
Şi cucoşu se preface,
Că pe jos el ciuguleşte,
Penele şi le zburleşte,
Ş-apoi vine aşa tiptil
Şi iar sare pe copil!
Io-ti că iar l-o ciuchit,
Carnea i-o învineţit!
Ptiu stuchil-ar mâţâli,
Nu-i în toate minţile.
Huşi! Spurcatule la boala!
Io-ti ti aşteaptă oala!
Şi-ţi tai gâtu cu toporu,
Pi grătar îţi frig picioru!

Ana Dediu – The Poetry of My Life

Horaţiu la cuscra-n poală,
Tremura în chelea goală,
Că acu chiar înpre sară,
Soarele mai varsă pară.
Pe Ovidiu îl plângea
Parcă pe el îl durea.

Ovidiu! Vin la Pupa ta
şi fă cum te-oi învăţa.
Ia tu băţu aista gros,
Şi ascunde-te aşa în dos,
Când cocoşu se zburleşte,
Tu cu băţul îl plesneşte,
Iar când el la tine sare,
Tu păleşte-l şi mai tare.

Coca, Relu, Tudorel,
Toţi ţineau numai cu el.
Pupa Dida şi cu Tinca
Îi spuneau să lase frica.
Pân-şi Melu l-o-ndemnat,
Ca să hie mai bărbat...
Şi-o fost o bătălie!
Noi făceam o...gălăgie!
Nu te da! Nu te lăsa!
Dă-i Ovidiule, aşa!
El cu băţul se roteşte
Pe cocoş el îl ocheşte
Şi deodată l-a pocnit!
Pi pământ l-a azvârlit.
Bravo! Strigă gloata toată,
Ai învins în lupta dreaptă!
Şi cocoşul cel fălos
Se cam tăvălea pe jos.
Ghetu de el îmbufnat
S-a zbătut, s-a scuturat,

Și-o pus coada pe schinare,
Și-o plecat în graba mare.
De atunci pân la plecat,
La băiet nu s-o mai dat.
Apoi s-o dus la găină,
Ca să-i spuie în surdină:
Nu-mi pun mintea eu cu el,
Că-i slăbuț și mititel;
Că tu știi Puicuță dragă,
Căci cu mine nu-i de șagă!

8 Octombrie 1979

April 24, 1970 – Ovidiu (right) and Horațiu Dediu playing in the park – Balta Aba, Bucharest

Ana Dediu – The Poetry of My Life

Table of Contents

Editor's Note 3

Preface 4

Chapter 1: Life philosophy 9

    With a .... flower 9

    Cu o …. floare 10

    Loneliness, Life philosophy 11

    Singurătate, Filosofia vieții 16

    Life 19

    Viața 20

    The invisible 21

    Nevăzutul 22

    The return home 23

    Întoarcerea acasă 23

    Ageing nicely 24

    Îmbătrânind frumos 25

    I miss you 26

    Mi-e dor 26

    Love song 27

    Cântec de dragoste 28

    Long ago 29

    Pe vremuri 29

    Departure 30

    Despărțire 31

Ana Dediu – The Poetry of My Life

    To my son 32

    Fiului meu 35

    For your engagement day 38

    De ziua logodnei voastre 40

    Parental house 42

    Casa părintească 45

    The world's gossip 48

    Gura lumii 51

    Adela 54

    Adela 58

Chapter 2: I'm proud of you 63

    I'm proud of you 63

    Sunt mândră de voi 64

    The spring arrived 65

    Primăvara a sosit 67

    Cronos 69

    Cronos 69

    Under the cherry of Otopeni 70

    Sub vişinii de la Otopeni 72

    Under the blooming apple tree 74

    Sub mărul proaspăt înflorit 76

    Rain in Galați 78

    Ploaie la Galați 83

    Pupa Dida 88

Ana Dediu – The Poetry of My Life

    Pupa Dida 88

    The last meeting 89

    Cea din urmă întâlnire 91

    Life 93

    Viața 93

    Open the window 94

    Deschide fereastra 95

    Mother 96

    Mama 99

    Goodbye 101

    Adio 102

Chapter 3: The House 105

    The house 105

    Casa 106

    Lina's life 107

    Din viața Linei 110

    Curiosity - Vasile 112

    Curiozitate – Vasile 112

    When I was student 113

    Studenția 116

    Meeting Virgil 119

    Întâlnirea cu Virgil 123

    Seeing again my brother Vasile 126

    Reîntâlnirea cu Vasile 128

Ana Dediu – The Poetry of My Life

My last tooth 130

Ultimul meu dinte 134

Spring 138

Primăvara 139

In Bucegi 140

În Bucegi 141

In laws 142

Cuscra 145

To Virgil 147

Lui Virgil 149

In front of your home 151

Pe lângă casa ta 152

Vasile's pretentions 153

Pretenție (Vasile) 153

La crâșmuța din șușa 154

Pub in Heaven 155

Crâșma din rai 156

Anniversary 157

Aniversare 158

Chapter 4: Grandparents 159

Grandparents 159

Bunicii 160

Mara 161

Mara 161

Ana Dediu – The Poetry of My Life

At our little house 162

La căsuța noastră 162

Our nest of love 163

Cuibușor de iubire 163

Let's go Ileana to the meadow 164

Hai Ileană la poiană 165

Where are you spring? 166

Primăvară unde ești? 167

I will not see you again 168

De-acum eu nu te-oi mai vedea 170

Who am I? 172

Cine sunt? 176

The postcard 180

Ilustrata 182

The promise 184

Făgăduința 186

Between us 188

Intre noi 190

The rooster 192

Cocoșul 196

Table of Contents 200

www.ingramcontent.com/pod-product-compliance
Lightning Source LLC
Chambersburg PA
CBHW041610220426
43668CB00001B/4